Collection dirigée
par Gérard Vigner

Nolwenn Gloaguen Vernet

Enseigner le français aux migrants

FRANÇAIS LANGUE ÉTRANGÈRE
www.hachettefle.fr

Collection F
Dirigée par Gérard Vigner

- **Titres parus ou à paraître**

La collection F s'adresse aux enseignants et aux formateurs de FLE. Elle articule pratiques de terrain et réflexion théorique pour aider les enseignants à faire face à la variété des situations d'enseignement et à rechercher des solutions pédagogiques pertinentes.

Apprendre et enseigner avec le multimédia, N. Hirschprung
Certifications et outils d'évaluation, B. Sampsonis, F. Noël-Jothy
Culture linguistique et culture éducative, J.-M. Robert
Élaborer un cours de FLE, J. Courtillon
Enseigner la prononciation du français, B. Lauret
L'enseignement en classe bilingue, J. Duverger
L'évaluation en FLE, C. Veltcheff, S. Hilton
La grammaire en FLE, G. Vigner
Le français sur objectif spécifique, J.-M. Mangiante, C. Parpette

Hors-série
L'enseignement des langues étrangères, L. Porcher
Professeur de FLE, F. Barthélemy

- **Disponibles en format numérique**

Les dimensions culturelles des enseignements de langue, J.-C. Beacco
Une grammaire des textes et des dialogues, S. Moirand
Lectures interactives, F. Cicurel

- **Sur le site www.hachettefle.fr**

➤ Recevez la lettre d'information F « Didactique » 2 fois par an, en vous inscrivant sur le site
➤ Consultez le résumé et le sommaire des titres

Collection *Pratiques de classe*

Elle s'adresse aux enseignants et aux formateurs de FLE, débutants ou confirmés. Elle propose des démarches et des activités qui sont le résultat de l'expérience d'enseignants de FLE.

De la vidéo à Internet : 80 activités thématiques, T. Lancien
Exercices systématiques de prononciation française, M. Léon
Jouer, communiquer, apprendre, F. Weiss
Photos-expressions, F. Yaiche
Techniques dramatiques, A. Cormanski

Pour l'enseignement du français aux migrants, reportez-vous à la méthode **Entrée en matière** (B. Cervoni, F. Chnane-Davin, M. Ferreira-Pinto) et au cahier d'exercices (G. Vigner).
Elle permet de faire entrer les élèves dans une langue de communication courante et de scolarisation, avec un accompagnement tout au long de leur intégration scolaire.

Conception graphique et couverture : Amarante
Réalisation : Médiamax
Secrétariat d'édition : Vanessa COLNOT

ISBN 978-2-01-155679-0
© Hachette Livre 2009, 43 quai de Grenelle, 75905 Paris cedex 15

Tous les droits de reproduction, de traduction et d'adaptation réservés pour tous pays.
Le code de la propriété intellectuelle n'autorisant, aux termes des articles L.122-4 et L.122-5, d'une part, que « les copies ou reproductions strictement réservées à l'usage privé du copiste et non destinées à une utilisation collective » et, d'autre part, que « les analyses et les courtes citations » dans un but d'exemple et d'illustration, « toute représentation ou reproduction intégrale ou partielle, faite sans le consentement de l'auteur ou de ses ayants droit ou ayants cause, est illicite ».
Cette représentation ou reproduction, par quelque procédé que ce soit, sans autorisation de l'éditeur ou du Centre français de l'exploitation du droit de copie (20, rue des Grands-Augustins, 75006 Paris), constituerait donc une contrefaçon sanctionnée par les articles 425 et suivants du Code pénal.

SOMMAIRE

Introduction 7

I. Le public migrant en France 9
1. Visage de l'immigration : historique, données chiffrées 10
   - 1.1. Migration et histoire 10
     - Origine des migrants 10
     - Données statistiques selon le pays d'origine 11
   - 1.2. Visage de l'immigration aujourd'hui 11
     - Traits caractéristiques 11
     - Flux d'immigration permanente par motif 13
     - Visage de l'immigration en Europe 14
     - Motifs d'immigration et conditions au séjour 15
2. Dispositifs pour les enfants : le public scolaire en France 17
   - 2.1. Spécificités du public 17
   - 2.2. Politiques d'accueil à l'école 19
   - 2.3. Types de classes 20
     - Les classes d'initiation : CLIN 20
     - Les classes d'accueil : CLA 21
3. Cas particulier des 16-18 ans 23
   - 3.1. L'Éducation nationale 23
   - 3.2. La formation linguistique et professionnelle
     dans les associations 25
   - 3.3. Les 16-18 ans sans papiers 25
4. Dispositifs pour le public adulte 27
   - 4.1. Un dispositif basé sur un contrat 27
     - Un programme interministériel 27
     - Un contrat : des engagements réciproques 28
   - 4.2. Le public adulte 28
     - Migrants éligibles au dispositif CAI 28
     - Statistiques 28
   - 4.3. Les nouvelles tendances 29
     - Le choix des prestataires : professionnalisation des acteurs 29
     - Formation civique et formation linguistique étroitement liées . 30
     - La notion de contrat : caractère obligatoire de la formation ? .. 30
     - Individualisation des parcours 31
     - Accompagnement vers l'emploi 32

II. Politiques linguistiques et organisation des formations en Europe et dans d'autres régions du monde 33
1. Politique d'intégration en France 34
   - 1.1 Comités interministériels et programmes 2003 et 2006 34
     - Réunion du comité interministériel 34
     - Un programme en 55 fiches 34
     - Comité du 24 avril 2006 35
   - 1.2. Origine de cette politique française et contrat d'intégration 36
     - Origine et objectifs de cette politique publique d'intégration .. 36
     - La mise en place d'un contrat 37
   - 1.3. Politiques depuis 2006 38
     - Durcissement des lois sur l'immigration 38

Politique et intégration	39
D'un paradoxe naît une importante réflexion	40
2. Mise en œuvre de cette politique : acteurs en France	41
2.1. Du côté des financeurs et des coordonnateurs	41
Cadre juridique	41
Une agence d'accueil des étrangers et des migrations	42
Un établissement public chargé de gérer les fonds publics	42
2.2. Du côté des prestataires et des acteurs de la formation	42
Les prestataires de type associatif	42
L'Éducation nationale	43
3. Dispositifs d'accueil et d'intégration actuels en Europe et ailleurs	44
3.1. En Amérique du Nord	45
Le Canada	45
Les États-Unis	45
3.2. Formation linguistique en Europe	46
L'Espagne	46
L'Italie	46
Le Royaume-Uni	46
L'Allemagne	47
L'Autriche	48
La Belgique	49
Le Danemark	49
Les Pays-Bas	50
3.3. Bilan	50

III. Face à l'apprentissage — 53

1. Approche politique et économique	54
Freins politiques et historiques	54
Inclinaisons politico-idéologiques	55
Poids des contraintes administratives	56
Problèmes terminologiques	56
Freins liés à l'accueil	57
Vie en communauté	57
Problèmes sociaux	58
Manque de formations des formateurs et manque de reconnaissance envers les professionnels	58
Conditions d'enseignement en France	61
Lacunes au niveau du matériel pédagogique	61
La loi du marché	62
La complexité de l'organisation	63
2. Approche psychologique et socioculturelle	63
Les résistances et la psychanalyse	63
Le besoin d'un temps d'adaptation	64
Le cas particulier de l'exil	64
Freins liés à l'identité	64
Le regard porté sur le migrant	65
Le regard porté par le migrant	65
La peur du changement et la peur de s'élever	67
Difficulté à se projeter dans l'avenir et à identifier la formation en matière de valeur ajoutée	67
Le rejet de l'école et la peur de l'échec	68
Frustrations dues aux difficultés à communiquer	68
Difficultés liées à l'apprentissage	69
3. Vers une amélioration	70
3.1. Réduire les procédures et miser sur le partenariat	70

- Procédures et proximité 70
- Partenariat institutionnel avec les associations 70
- 3.2. Mettre l'accent sur la qualité de l'accueil 71
  - Qualifier les acteurs de l'accueil 71
  - Modifier les supports 71
- 3.3. Recherche et développement 71
  - Charte qualité 72
  - Programme et référentiel 72
  - Matériel pédagogique et coopération 72
- 3.4. Professionnalisation des acteurs 73
  - Formation de formateurs 73
  - Diplômes en France 75
- 3.5. Renforcer le réseau des acteurs en France 78
  - Les services sociaux 78
  - L'université 78
  - Les différents prestataires et partenaires 79
  - La ville et les services 79
  - Les entreprises 79
- 3.6. Tenir compte des cultures éducatives et linguistiques et travailler sur la motivation 80
  - Les cultures éducatives et linguistiques dans l'enseignement des langues 80
  - La force de la motivation 82

IV. Objectifs pédagogiques et enseignement de la langue du pays d'accueil 83

- 1. Cadre théorique et méthodologies 84
  - 1.1. Typologie des publics 84
    - Publics relevant de l'alphabétisation 85
    - Publics relevant du « post-alpha et FLE débutant » 87
    - Publics relevant d'une pédagogie FLE à un niveau élémentaire ou avancé 88
    - Publics relevant du FLS 90
  - 1.2. Approches pédagogiques 90
    - Méthodes « traditionnelles » ou approches par les compétences ? 91
    - Approche communicative 93
    - Approche socioconstructiviste 94
    - Approche multi-sensorielle 94
  - 1.3. Modes d'apprentissage 95
    - Autoformation 95
    - Module « apprendre à apprendre » 96
    - Individualisation 98
- 2. Outils pédagogiques et éditeurs 98
  - 2.1. Matériel et édition 98
    - Lacunes 98
    - Recherche et développement 99
  - 2.2. Les outils utilisés 100
    - Leurs fonctions 100
    - Types d'outils 101
  - 2.3. Ressources pédagogiques 102
    - Diversité 102
    - Quelques exemples de ressources 103
- 3. Référentiels et diplômes 109
  - 3.1. Évaluer 109

Qu'est-ce qu'évaluer ? 109
Types d'évaluation 110
Évaluer sur les dispositifs de formation des migrants 111
3.2. Référentiels 114
Le FAS CUEEP : référentiel de formation linguistique de base ... 114
Le cadre européen : CECRL 115
3.3. Diplômes 116
DILF, DELF et DALF : présentation et correspondances CECRL .. 116
Le TCF 118
Le DILF 120

V. Construire une formation à destination du public migrant 123

1. Gérer la diversité 125
   1.1. Des formateurs polyvalents 125
      Un nouveau rôle 125
      Compétences des formateurs 126
   1.2. Organisation de la formation 127
      Entrées et sorties de formation 127
      Groupes de niveaux et groupes transversaux 127
      Financements 128
      Rythme 129
2. Le premier jour de formation 129
   2.1. Accueil collectif 129
   2.2. Entretien individuel 130
   2.3. Un exemple de questionnaire d'entrée en formation 131
3. Travailler les compétences orales 136
   Objectifs 136
   Atelier phonétique 136
   Atelier communication 138
   Quelques supports 139
4. Travailler les compétences écrites 139
   Objectifs 139
   Atelier d'écriture et de lecture 140
   Quelques exemples de supports 140
   Le cas particulier du niveau A1.1 140
5. Autres domaines à explorer 142
   5.1. Contenus et thématiques 142
      Capacité d'adaptation et d'appropriation des contenus 143
      Thématiques 143
      Mise en pratique et réflexion autour de thématiques 143
   5.2. Savoir-être 144
      Objectifs 144
      Activités 144
      Supports 144
   5.3. Citoyenneté et vie administrative en France (module à adapter au pays d'accueil) 145
      Objectifs 145
      Contenus d'après *Le cahier du citoyen* d'Hachette 145
      Outils 146
   5.4. Culture 147
6. Bilan 147

Conclusion 153

Lexique / Bibliographie 155

Introduction

Avec près de 100 000 nouveaux arrivants en moyenne chaque année, la France est amenée à repenser l'immigration dont le visage a profondément changé... D'autres grands foyers d'accueil en Europe sont également concernés par cette remise en question. De ces situations et des interrogations qui y sont associées naissent de nouveaux dispositifs d'accueil des populations migrantes où les mots « formation » et « intégration » se font bien souvent écho. Les formations actuelles mettent l'accent sur l'accès à la langue du pays d'accueil comme facilitateur dans le processus d'intégration.

Il nous a semblé nécessaire de rassembler en un ouvrage un certain nombre de données d'ordre politique, socioculturel, psychologique, administratif et, surtout, pédagogique relatives à ce public, public qui – nous le savons bien – ne se laisse pas enfermer dans un cadre définitionnel unique et donc restrictif. En première approche, on peut s'appuyer sur cette définition proposée par l'INSEE : « *Immigré* : personne résidant en France, née étrangère dans un pays étranger ; *étranger* : personne résidant en France et n'ayant pas la nationalité étrangère. Ainsi la qualité d'immigré est définie en fonction d'un double critère, immuable, de lieu de naissance et de nationalité. Tout immigré n'est pas étranger : un immigré a pu acquérir la nationalité française. À l'inverse tout étranger n'est pas immigré : certains étrangers sont nés en France : c'est le cas de 550 000 d'entre eux à la mi-2004.[1] »

Ces définitions sont cependant insuffisantes pour connaître notre public : qui est réellement le public migrant ? C'est ce que nous avons cherché à savoir dans une première partie en examinant le visage de l'immigration en France et les dispositifs de formation existants.

---

1. *Insee Première*, n° 1098, août 2006.

Pendant de nombreuses années, la formation linguistique a été laissée aux bénévoles des associations. Elle a ensuite été organisée par l'État qui propose aujourd'hui la signature d'un contrat dans lequel les formations linguistique et civique sont des éléments majeurs du parcours d'accueil et d'intégration des migrants. Un peu partout en Europe, formation linguistique va de pair avec formation civique : on y associe des notions récurrentes comme citoyenneté ou encore intégration : à quoi cela est-il dû ? Comment ces notions sont-elles prises en compte ? Quelles sont les politiques linguistiques en vigueur ? En quoi la mise en place d'un contrat consiste-t-elle ? D'où vient cette idée ? Ces recherches seront l'objet de notre deuxième partie.

Nous nous sommes ensuite intéressés à divers facteurs – dont la liste n'est pas ici exhaustive – qui jouent dans la réussite d'un parcours de formation, en nous arrêtant essentiellement sur des considérations linguistiques. Notre choix a été guidé par l'intérêt que nous portons à la langue et s'appuie sur notre postulat de départ qui repose sur le fait que la maîtrise de la langue du pays d'accueil est capitale dans le processus d'intégration des migrants. Cette étude nous a permis de mettre en balance, d'un côté, les freins à l'apprentissage et, de l'autre, les politiques d'accueil, de façon à repérer d'éventuelles difficultés et à dessiner l'ébauche de propositions visant à l'amélioration des dispositifs de formation.

Au-delà de notre réflexion autour de toutes ces données chiffrées et analyses socioculturelles, c'est bien la pratique qui est au centre de nos préoccupations. Nous avons donc recherché des ouvrages de méthodologie et des outils pratiques pour l'apprentissage des langues aux migrants : nous nous sommes rendu compte du vide pédagogique qu'il y avait autour de ce public. Depuis moins de cinq ans, la mise en place de nouveaux dispositifs a néanmoins entraîné un regain d'intérêt pour les migrants dans le monde des pédagogues et des éditeurs. Nous proposons ainsi, dans notre quatrième partie, un tour d'horizon des approches pédagogiques et des outils utilisables en formation.

C'est, au regard des informations rassemblées dans cet ouvrage, que nous proposons finalement des conseils pratiques pour la construction d'une formation à destination du public migrant : comment gérer la diversité ? Que faire le premier jour de formation ? Comment travailler les compétences orales et les compétences écrites ? Autant de questions que peuvent se poser tous les professionnels amenés à accompagner le public migrant dans son parcours d'intégration.

Le public migrant en France

« *Mieux vaut travailler à l'étranger que mourir chez soi.* »
Proverbe Soninké[1]

Même si cette étude s'attache à l'enseignement des langues aux migrants en général, l'ouvrage s'ouvre cependant sur une analyse de la situation française. Quel est le visage de l'immigration aujourd'hui en France ? Quelles sont les spécificités du public migrant ? Sont-elles les mêmes dans le reste de l'Europe ? Quelle est la typologie du public migrant en situation d'apprentissage (répartition statistique par âge, par sexe, par niveau d'études...) ? Quels sont les dispositifs phares et les formations proposées en fonction de l'âge ? Autant de questions auxquelles nous tâcherons de répondre dans cette première partie.

Dans notre étude, nous nous intéresserons essentiellement aux primo-arrivants, c'est-à-dire aux migrants présents sur le territoire d'accueil depuis moins de deux ans ou régularisés depuis moins de deux ans.

---

1. www.euromed-marseille.com/blog/articles/migrations-Euromed-EP105.pdf

1. Visage de l'immigration : historique, données chiffrées

1. 1. Migration et histoire

Origine des migrants

Bien qu'il existe de nombreux ouvrages traitant de l'immigration en France, il est difficile de trouver des informations claires et des chiffres précis tant la documentation est importante et tant les propos sont parfois orientés. Il est vrai que les questions concernant l'immigration sont récurrentes depuis quelques décennies ; néanmoins, ce phénomène a toujours existé bien qu'on ait de réelles données précises qu'à partir du premier comptage des étrangers avec le recensement de 1851. Pour comprendre, il faut se référer à l'histoire. La période allant de 1851 à 1931 préfigure les caractéristiques de l'immigration française, d'après Guy Le Moigne[1] : « conséquence à la fois du ralentissement de l'accroissement naturel de la population et de l'essor économique du pays, elle est le fait d'hommes jeunes, salariés pour la plupart, qui viennent occuper les emplois en expansion ou délaissés par les Français. Aussi les trouve-t-on dans l'agriculture, les carrières, les mines de charbon et de fer, le bâtiment et le terrassement, la métallurgie et les emplois domestiques. »

De 1931 à 1946, les guerres et les crises alternant avec le besoin de reconstruction et la reprise économique, l'immigration connaît une période de reflux. De 1946 à nos jours, les vagues de migrations continuent et la France essaie peu à peu de les contrôler et de les maîtriser avec la création d'organismes publics tels que l'Office national des migrations (ONI devenu OMI, puis ANAEM[2] en 2005). En 1946, on recense 1 744 000 étrangers en France et 3 442 000 en 1975. Cependant le visage de l'immigration change : si, avant 1851, elle concerne les pays européens (Italiens : 808 000 ; Polonais : 508 000 ; Espagnols : 352 000 ; Belges : 254 000, d'après le recensement de 1851), les migrants viendront par la suite des anciennes colonies comme l'Algérie, par exemple, et un peu plus tard de divers pays d'Asie. De même, de migrations passagères avec un retour au pays envisagé, on passe aux installations durables. Les motivations et les attentes de la société française ainsi que celles des migrants ont évolué au fil des années et ces données sont à prendre en compte lors de l'analyse de dispositifs d'accueil à destination du public migrant actuel.

---

1. *L'Immigration en France*, PUF, 2002.
2. Agence national d'accueil des étrangers et des migrations, qui a pris la succession de l'OMI, Office des migrations internationales.

Données statistiques selon le pays d'origine

	1962	1968	1975	1982	1990	1999	
	en %	en %	en %	en %	en %	en %	effectifs
Europe	78,7	76,4	67,2	57,3	50,4	44,9	1 934 144
Espagne	18,0	21,0	15,2	11,7	9,5	7,3	316 232
Italie	31,8	23,9	17,2	14,1	11,6	8,8	378 649
Portugal	2,0	8,8	16,9	15,8	14,4	13,3	571 874
Pologne	9,5	6,7	4,8	3,9	3,4	2,3	98 571
Autres pays d'Europe	17,5	16,1	13,1	11,7	11,4	13,2	568 818
Afrique	14,9	19,9	28,0	33,2	35,9	39,3	1 691 562
Algérie	11,6	11,7	14,3	14,8	13,3	13,3	574 208
Maroc	1,1	3,3	6,6	9,1	11,0	12,1	522 504
Tunisie	1,5	3,5	4,7	5,0	5,0	4,7	201 561
Autres pays d'Afrique	0,7	1,4	2,4	4,3	6,6	9,1	393 289
Asie	2,4	2,5	3,6	8,0	11,4	12,8	549 994
Turquie	1,4	1,3	1,9	3,0	4,0	4,0	174 160
Cambodge, Laos, Vietnam	0,4	0,6	0,7	3,0	3,7	3,7	159 750
Autres pays d'Asie	0,6	0,6	1,0	1,9	3,6	5,0	216 084
Amérique, Océanie	3,2	1,1	1,3	1,6	2,3	3,0	130 394
Non déclaré	0,8	0,1	///*	///	///	///	///
Total	100,0	100,0	100,0	100,0	100,0	100,0	
Effectifs	2 861 280	3 281 060	3 887 460	4 037 036	4 165 952	4 306 094	4 306 094

* /// = absence de résultats due à la nature des choses.

Source : Insee, Recensements de la population, 1962-1999.

1. 2. Visage de l'immigration aujourd'hui

Traits caractéristiques

Depuis les années 1980, les traits caractéristiques de l'immigration peuvent se représenter ainsi : « les procédures d'entrée en France se diversifient avec notamment le bénéfice de libre circulation accordée aux ressortissants de l'Union européenne et la création de nouvelles

catégories de primo-arrivants (membres de familles de Français, visiteurs...) ; l'origine géographique des flux se mondialise mais, dans le même temps, la prépondérance du continent africain s'accentue ; la venue des familles devient le premier motif d'entrée, loin devant l'exercice d'une activité. »[1] Les principales caractéristiques de la population étrangère résidant en France sont les suivantes :
– les nationalités sont très diversifiées ;
– le nombre moyen de personnes par ménage est plus élevé chez les étrangers que chez les Français ;
– le nombre de migrants hors ménage, les travailleurs vivant en foyers par exemple, a diminué ;
– l'implantation géographique est très concentrée : 1/3 vivent en Île-de-France et 60 % se repartissent sur trois régions (Île-de-France, Provence Alpes Côte d'Azur (PACA) et Rhône-Alpes) ;
– la réunion d'une famille autour d'un membre résidant en France ou la constitution de nouvelles familles en faisant venir le conjoint de l'étranger sont les principaux motifs de migration.

Une autre nouveauté réside dans l'augmentation des migrations engagées à l'initiative des femmes. La moitié des migrants internationaux sont aujourd'hui des femmes. Elles sont près d'une centaine de millions venues d'Asie, des Caraïbes, d'Amérique du Sud et d'Afrique pour s'installer en Europe, en Amérique du Nord, dans les pays du Golfe ou dans les pays asiatiques émergents. Il y a encore quelques années, les femmes migraient majoritairement pour des raisons de regroupement familial, ce qui a contribué aux représentations actuelles de la femme migrante inactive et dépendante, à l'écart de la vie publique du pays d'accueil. Mais, aujourd'hui, la situation a changé et elles sont nombreuses à quitter leur pays pour des raisons économiques. D'après une enquête de l'INSEE[2], « pour l'essentiel, il s'agit d'une émigration de travail. Chaque année, des millions de femmes occupent hors de leurs pays des millions d'emplois. Elles sont employées de maison, ouvrières, serveuses, enseignantes, infirmières. Elles envoient des centaines de millions de dollars sous forme de rapatriements de salaires dans leurs foyers et leurs communautés, avec pour but de fournir des moyens de subsistance à leur famille.

Femmes, migrantes, personnes à faibles revenus, elles comptent parmi les êtres les plus vulnérables aux violations des droits humains. Elles doivent faire face à des défis et risques particuliers quand elles

---

1. LE MOIGNE G., *L'Immigration en France*, PUF, 2002.
2. http://www.insee.fr/fr/insee_regions/lor/publi/pub_elect/femmes/respect_immigration.htm

s'aventurent en de nouveaux pays. De l'esclavage moderne que subissent les victimes de la traite des humains à l'exploitation du personnel domestique, des millions de femmes migrantes affrontent des situations dangereuses qui portent témoignage de l'absence de possibilités d'émigrer dans des conditions sûres et légales. » On les trouve malgré tout nombreuses dans des centres de formation avec une forte volonté d'apprendre la langue pour gagner en autonomie et acquérir une place dans la société d'accueil.

Flux d'immigration permanente par motif (2003)

Nationalité	Travailleurs permanents	Regroupement familial	Familles de Français*	Vie privée et familiale	Réfugiés	Visiteurs	Autres**	Ensemble
Europe (hors EEE) et ex-URSS	1 144	1 032	624	4 499	3 097	906	485	11 787
Afrique	2 097	19 014	13 122	43 938	4 314	3 259	4 318	90 062
Algérie	397	5 367	4 105	15 884	226	1 441	1 134	28 554
Maroc	707	7 775	2 366	10 789	0	448	254	22 339
Tunisie	194	3 068	3 610	2 265	16	163	109	9 425
Afrique hors Maghreb	799	2 804	3 041	15 000	4 072	1 207	2 507	26 923
Asie	2 013	4 772	1 517	8 779	1 960	1 949	1 202	22 192
Turquie	339	2 768	372	3 882	857	112	283	8 613
Vietnam	84	58	80	582	16	46	43	909
Chine	222	339	149	1 132	39	381	149	2 411
Japon	386	450	81	192	0	250	46	1 405
Liban	364	157	64	246	5	156	12	1 004
Amérique, Océanie	1 244	1 948	961	4 927	366	1 496	316	11 258
Autres (divers, apatrides)	2	2	4	28	53	6	1	96
Ensemble	6 500	26 768	16 228	62 171	9 790	7 616	6 322	135 395
Rappel 2002	7 469	27 267	21 020	43 681	8 495	9 985	5 560	123 477
Rappel 2001	8 811	23 081	18 765	34 682	7 323	8 968	5 026	106 656
Rappel 2000	5 990	21 404	15 992	31 140	5 185	8 424	3 596	97 083

* Conjoints, enfants et ascendants de Français, parents d'enfants français.
** Titulaires d'une rente accident du travail, bénéficiaires de l'asile territorial, étrangers malades, actifs non salariés, familles de réfugiés et apatrides.

Champ : hors entrants de l'Espace économique européen (EEE).
Sources : OMI, OFPRA, ministère de l'Intérieur.

Visage de l'immigration en Europe

Si nous cherchons à élargir notre analyse à l'Europe, nous constatons rapidement que, comme en France, les migrants venus d'Afrique sont les plus nombreux dans les pays foyers d'immigration tels que l'Italie, l'Allemagne, l'Espagne ou la Grande-Bretagne.

Chaque pays a développé sa propre politique en fonction de critères précis liés principalement à l'économie et la démographie. L'Europe demeure une terre d'accueil bien que de nombreux sujets concernant la lutte contre les clandestins ponctuent l'actualité. Chaque année, l'Europe accueille des migrants candidats au regroupement familial ou demandeurs d'asile. « Selon les chiffres d'Eurostat, l'Union européenne abritait, en 2004, 24,5 millions d'étrangers, soit 4,5 % de la population totale. Un chiffre en hausse de 23,3 % par rapport à 1995. Depuis 2000, l'immigration augmente de 10 % par an dans l'UE (2,5 millions d'entrants par an), soit plus qu'aux États-Unis et au Canada réunis. C'est en Allemagne que vit le plus grand nombre d'étrangers – 7,4 millions – soit 8,9 % des habitants. La France en abrite 3,5 millions (5,6 % de la population), le Royaume-Uni 2,8 millions (4,7 %), l'Espagne 2,7 millions (6,6 %), l'Italie 2,2 millions (3,9 %), la Belgique 863 000 (8,3 %), les Pays-Bas 702 000... »[1] C'est en Europe du Sud que la population étrangère est la plus nombreuse depuis dix ans : « Ces dix dernières années, la population étrangère a été multipliée par deux en Italie, par trois en Espagne, par sept au Portugal, ce qui s'explique par la proximité avec des zones d'émigration et par les récentes campagnes de régularisation massive de sans-papiers... »[2]

En Europe, les causes d'immigration sont essentiellement les études, l'emploi et la famille mais différemment pondérées selon les pays : « Ainsi le mariage et le regroupement familial représentent 73 % des permis de séjour en France, contre 20 % au Portugal. Quant au travail, il est à l'origine de 21 % des entrées au Royaume-Uni, mais de 68 % en Espagne. En Grande-Bretagne, 47 % des 360 000 titres de séjour accordés en 2003 tiennent à des raisons familiales. En France, sur 128 000 nouvelles entrées, 25 420 l'ont été dans le cadre du regroupement familial (un chiffre stable depuis sept ans) et 77 230 suite au mariage avec un Français. »[3]

---

1. Jean Piel, site RFI, 23 juin 2006, www.rfi.fr.
2. *Ibid.*
3. *Ibid.*

Motifs d'immigration et conditions au séjour

Les candidats au regroupement familial doivent remplir plus ou moins les mêmes conditions pour faire venir leurs conjoints, enfants ou parents âgés dans le pays d'accueil européen. Il faut justifier d'un temps de présence défini, d'un revenu fixe et d'un logement décent pour faire venir les membres de sa famille restés jusqu'alors au pays. Ces critères peuvent jouer dans le choix du pays d'accueil. À noter que deux pays, les Pays-Bas et le Royaume-Uni, acceptent les conjoints homosexuels au titre du regroupement familial...

L'autre cause d'immigration importante est bien sûr la recherche d'un emploi. Chaque pays d'Europe accueille des étrangers en fonction de ses besoins économiques : le Portugal reçoit de nombreux migrants venus de l'Est afin de faire face à un manque dans l'agriculture, l'Espagne et l'Italie délivrent également de nombreux visas avec permis de travail pour relancer ou maintenir certains secteurs d'activité. Dans le reste des foyers d'accueil européens, il est plus difficile d'obtenir des permis de travail à l'exception des emplois saisonniers.

La nouveauté en Europe consiste à attirer des migrants qualifiés dans des domaines tels que la médecine ou l'informatique. En 2002, l'Angleterre lance le « Highly skilled Migrant Program » afin de pallier un manque d'ingénieurs, de médecins et d'infirmières. En France, Nicolas Sarkozy propose la carte « Compétences et talents » aux étrangers diplômés susceptibles d'apporter leurs savoir et savoir-faire au développement français.

Répartition des immigrés et des non-immigrés selon le diplôme, en 2006, en %

Diplôme	Ensemble des immigrés	Ensemble des non immigrés	Ensemble de la population
Diplôme supérieur à Bac +2	13,9	12,3	12,4
Baccalauréat + 2 ans	6,6	11,6	11,2
Baccalauréat ou brevet professionnel	14,0	18,0	17,7
CAP, BEP	12,2	24,4	23,3
BEPC seul	7,2	12,1	11,7
Aucun diplôme ou CEP	46,2	21,6	23,7
Diplôme non déclaré	0,0	0,0	0,0
Ensemble	100,0	100,0	100,0
Effectif (en milliers)	3 374	36 046	39 42

Champ : France métropolitaine, personnes âgées de 15 à 64 ans.
Sources : INSEE, enquêtes *Emploi* du 1er au 4e trimestre 2006.

Avec l'élargissement de l'Europe, le visage de l'immigration risque à nouveau de changer car les besoins de main-d'œuvre seront peut-être différents. Néanmoins, tous les pays européens avouent avoir besoin des migrants. En fonction des liens historiques, linguistiques et culturels, chaque pays peut mettre en place des accords avec les pays d'origine des migrants : beaucoup de migrants au Royaume-Uni viennent des pays du Commonwealth, au Portugal il s'agit de migrants en majorité lusophones...

Le document ci-dessous réalisé par Claire Extramiana et Piet Van Avermaet[1] ayant pour source les chiffres de l'OCDE, en 2007, nous donne un aperçu des motifs d'immigration : travail, famille accompagnant le travailleur, famille, humanitaires, autres...

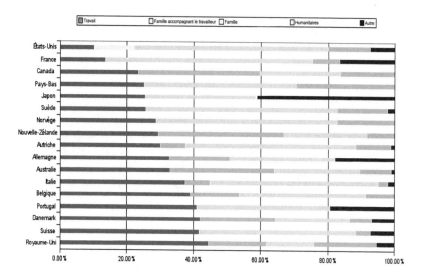

Si jusqu'alors la plupart des migrants s'installaient dans des pays d'accueil ayant des liens culturels, historiques et/ou linguistiques avec leur pays d'origine, la situation change aujourd'hui avec l'arrivée massive de migrants venus notamment d'Asie. Les politiques d'accueil et de formation des migrants ont dû être modifiées car il faut tenir compte du fait que certains nouveaux arrivants n'ont qu'une idée approximative des mœurs et coutumes du pays d'accueil et ne possèdent aucune connaissance orale ni écrite de la langue. Venus chercher un avenir meilleur pour eux-mêmes et leurs familles, les migrants doivent franchir différentes étapes pour s'installer sur une nouvelle

---

[1]. « Politiques linguistiques pour les migrants adultes dans les États membres du Conseil de l'Europe : conclusions d'enquête », document réalisé pour le Conseil de l'Europe, juin 2008.

terre. Ce parcours est jalonné d'apprentissages parmi lesquels s'inscrit celui de la langue du pays d'accueil. Seront examinés les dispositifs mis en place pour accueillir les migrants et leur transmettre la langue du pays d'accueil. On se concentrera sur le cas de la France, qui est l'objet premier de notre étude, avant d'étudier la situation des autres pays européens. Seront ensuite étudiés les dispositifs mis en place pour les enfants et les adolescents dans le cas des politiques de regroupement familial.

2. Dispositifs pour les enfants : le public scolaire en France

Les enfants de 2 à 16 ans sont scolarisés par le ministère de l'Éducation nationale :

« En l'état actuel de la législation aucune distinction ne peut être faite entre élèves de nationalité française et de nationalité étrangère pour l'accès au service public de l'éducation. Rappelons, en effet, que l'instruction est obligatoire pour les enfants des deux sexes, âgés entre six et seize ans, qu'ils soient français ou étrangers, dès l'instant où ils résident sur le territoire français. [...]

Ces élèves ont les mêmes droits à être instruits que les élèves de nationalité française. Toutefois, des difficultés particulières peuvent être rencontrées, notamment lorsque ces élèves ne sont pas en situation régulière au regard des lois relatives à l'immigration. »[1]

2.1. Spécificités du public

L'Éducation nationale veut améliorer l'accueil des élèves qui viennent d'arriver en France. « Au cours de l'année scolaire 2004-2005 dans les établissements de l'enseignement public et privé, 19 400 élèves nouveaux arrivants non francophones ont été scolarisés dans les écoles élémentaires, 20 600 dans les collèges et lycées, pour la plupart dans des classes spécifiques. Au total, ces élèves représentent 0,4 % des effectifs scolaires. »[2] Les chiffres fluctuent en fonction des politiques d'accueil concernant essentiellement le regroupement familial.

Les élèves arrivent en flux continus (et repartent de même) sur toute l'année scolaire et se révèlent de plus en plus âgés. Il s'agit d'intégrer davantage les primo-arrivants dans le droit commun de la scolarité.

---
1. *B.O.* spécial n° 10 du 25/04/2002.
2. www.education.gouv.fr/cid1809/scolarisation-des-eleves-nouveaux-arrivants-non-francophones-au-cours-de-l-annee-scolaire-2004-2005.html

En fonction de l'âge et des académies, les enfants sont orientés vers des classes spécifiques à temps plein ou à temps partiel. Il subsiste de nombreuses disparités en fonction des académies.

Les circulaires actuellement en application ont été publiées dans le B.O. spécial n° 10 du 25 avril 2002 :
– circulaire n° 2002-063 du 20 mars 2002, *Modalités d'inscription et de scolarisation des enfants de nationalité étrangère des premier et second degrés* ;
– circulaire n° 2002-100 du 25 avril 2002, *Organisation de la scolarité des élèves nouvellement arrivés en France sans maîtrise suffisante de la langue française ou des apprentissages* ;
– circulaire n°2002-102 du 25 avril 2002, *Missions et organisation des centres académiques pour la scolarisation des nouveaux arrivants et des enfants du voyage (CASNAV)*.

Ces trois circulaires donnent des informations sur les modalités d'inscription, de scolarisation et d'évaluation des enfants dans le premier et le second degrés. On y trouve des précisions sur les examens, sur les stages pratiques, sur les voyages scolaires... Ces circulaires font également le point sur la régularité de la situation des enfants scolarisés : « Il importe, au préalable, de préciser qu'en l'absence de toute compétence conférée par le législateur, il n'appartient pas au ministère de l'Éducation nationale de contrôler la régularité de la situation des élèves étrangers et de leurs parents au regard des règles régissant leur entrée et leur séjour en France. Il est précisé, en outre, que la loi n° 89-548 du 2 août 1989 a reporté de seize à dix-huit ans l'âge de détention obligatoire d'une carte de séjour temporaire ou d'une carte de résident. Enfin, pour les jeunes de plus de dix-huit ans, le conseil d'État, dans une décision du 24 janvier 1996, a considéré que les dispositions de l'article 12 de l'ordonnance n° 45-2658 du 2 novembre 1945 subordonnant la délivrance de la carte de séjour temporaire portant la mention "étudiant" à la preuve que l'intéressé suit un enseignement en France "impliquent nécessairement qu'un étranger venu en France comme étudiant puisse être admis, au moins à titre provisoire, dans un établissement d'enseignement avant d'avoir obtenu un premier titre de séjour". »

Mais une scolarisation en l'absence de titre de séjour pour les familles n'est pas toujours possible et il n'est pas rare d'entendre dans nos journaux télévisés français des appels à la mobilisation lancés par un collectif d'enseignants comme « Réseau Éducation sans Frontières » pour soutenir un enfant de nationalité étrangère menacé d'expulsion et donc contraint de quitter l'école. Droits à l'éducation et droit au séjour restent profondément liés et font souvent polémique.

2.2. Politiques d'accueil à l'école

Selon Marie Lazaridis : « les circulaires[1] portant, depuis le début des années 1970, sur la scolarisation des enfants primo-arrivants non francophones répondent au souci de les intégrer au plus vite dans le cursus scolaire normal. Néanmoins, les directives peu claires et parfois contradictoires, les dispositifs eux-mêmes, les rapprochements avec l'éducation prioritaire génèrent une certaine confusion[2] ».

Il y a longtemps eu contradiction entre l'envie d'intégration républicaine et le besoin d'accueillir les enfants migrants dans des structures spécifiques. Dans les années 1970, il est précisé qu'il ne faut pas tenir ces enfants à l'écart de la communauté scolaire ; néanmoins, l'accent mis sur la maîtrise de la langue française fait que les enfants de migrants sont souvent maintenus en classe spécifique. Les compétences et les acquis scolaires ne sont pas pris en compte.

Dans les années 80, la langue orale est mise en avant et cela pose des problèmes lors du passage en classe ordinaire où les lacunes à l'écrit pèsent lourd sur le parcours scolaire. Une double inscription, pédagogique et administrative, est demandée.

Depuis quelques années, les enseignants bénéficient de formations plus élaborées pour répondre au mieux aux besoins des enfants en matière notamment de méthodologie et de prise en compte des données culturelles.

Mais au-delà des contradictions générées par les circulaires, il existe une réelle confusion entre enfants issus de l'immigration et primo-arrivants, entre difficultés linguistiques, difficultés scolaires et difficultés sociales. Les réponses sont apportées différemment en fonction de l'importance des flux sur la zone, du projet d'établissement et des politiques locales…

« Si des transferts de compétences sont à envisager, ils relèvent plus de l'expérience acquise à travers les problématiques pédagogiques du français langue étrangère, et plus précisément langue seconde, que des compétences "culturelles" acquises à partir des publics "issus de l'immigration" (qui n'englobent pas toujours les élèves primo-migrants), dénomination qui reste floue et de plus en plus sans objet, et qui détourne des enjeux réels de la scolarisation des élèves en difficulté, quels qu'en soient les motifs. »[3]

---

1. Circulaires du 13 janvier 1970, du 25 septembre 1973, circulaires de 1986.
2. http://www.cndp.fr/revueVEI/som125.htm « La scolarisation des enfants de migrants : entre intégration républicaine et structures spécifiques ».
3. *Ibid.*

Depuis 2002, la prise en charge des enfants migrants s'est améliorée. Une mission d'observation a été mise en place pour faire le point sur le nombre d'enfants et sur leurs parcours d'apprentissage trois fois par an ce qui permet une meilleure organisation de l'accueil des publics.

Actuellement, les politiques de formation portent sur l'accueil, l'évaluation et l'affectation des élèves ainsi que sur la communication avec les familles et ont pour objectif l'intégration sociale, culturelle et professionnelle des migrants.

2.3. Types de classes

Les noms des dispositifs, les contenus des enseignements ainsi que les budgets variant en fonction des politiques en place, nous ne détaillerons pas les différents types de classes. Néanmoins, il est intéressant de les citer de façon à mettre en lumière les orientations des politiques de formation linguistique.

Les classes d'initiation : CLIN

Elles s'adressent à des enfants de 6 à 12 ans. En fonction de l'effectif de classe dans l'année, l'enseignant peut accueillir des élèves depuis l'âge maternel jusqu'à ceux pouvant entrer en collège. Ces classes existent principalement dans les grands centres urbains. Les parents de l'enfant doivent se rendre à la mairie où un agent administrativement inscrit l'enfant dans la classe correspondant à son âge normal (CP s'il a 6 ans, CE1 s'il a 7 ans, etc.) et pédagogiquement le place dans une CLIN pour la part d'horaire hebdomadaire correspondant à sa mise à niveau. L'élève est en effet inscrit dans une classe correspondant à son âge et à son niveau de compétences estimé et, pour un nombre d'heures donné par semaine (12 heures au minimum), est pris en charge dans la CLIN, comme dispositif spécifique de formation. Pour le reste de l'horaire de travail de la semaine, il rejoint sa classe d'inscription.

D'après les textes officiels et, notamment, la circulaire d'avril 1982, l'enfant ne pourra rester en CLIN qu'une année. S'il avance plus vite, il peut rejoindre sa classe d'inscription à plein temps au bout de quelques mois. Mais, en réalité, il en va souvent autrement, certains enfants y restent plus longtemps… En effet, certains enseignants préfèrent parfois garder un enfant en CLIN plutôt que de risquer de le mettre en situation d'échec dans une classe ordinaire.

Dans les zones où, par suite de la faiblesse des effectifs, il n'est pas possible d'organiser une CLIN, sont mis en place des cours de rattrapage intégré (CRI) pris en charge par un maître itinérant.

Les classes d'accueil : CLA

Elles s'adressent aux élèves du second degré, c'est-à-dire aux jeunes du collège à 90 %, dans les lycées d'enseignement général et technologique (4 %) et les lycées professionnels (6 %). Près de la moitié se trouvent dans les zones d'éducation prioritaire (ZEP). Classes d'accueil, classes d'adaptation pour les élèves non francophones, classes de FLE, ateliers FLE : différentes dénominations pour ces classes où il s'agit, au-delà de l'acquisition de la langue du pays d'accueil, de se remettre à niveau dans toutes les matières : histoire, géographie, mathématiques, anglais... L'effectif de ces classes est de quinze élèves au maximum.

Il convient de distinguer deux types de classes d'accueil en fonction des niveaux scolaires des élèves nouvellement arrivés. Certains n'ont pas été scolarisés dans le pays d'origine. Pour ceux-là, on distinguera dans un périmètre urbain défini, chaque fois que les effectifs concernés le justifieront, les classes d'accueil pour élèves non scolarisés antérieurement (CLA-NSA) des classes d'accueil ordinaires (CLA). C'est pourquoi une évaluation est nécessaire en début de parcours pour déterminer l'affectation de l'enfant.

L'objectif de ces classes est de permettre aux jeunes élèves d'acquérir les connaissances de base correspondant au cycle III de l'école élémentaire. Il s'agit d'apprendre, en premier lieu, le français fondamental pour passer ensuite aux bases de la lecture et de l'écriture. L'accueil et la formation des enfants migrants sont pris en charge par l'État via l'Éducation nationale de manière spécifique avec des classes ou modules spécialisés permettant aux nouveaux arrivants de s'intégrer avant tout dans le monde scolaire. Il s'agit d'enseigner le français fondamental, puis le langage de l'école. L'accueil et la formation de ces jeunes soulèvent de nombreux débats au sein des équipes enseignantes. La formation des maîtres, les budgets alloués, le projet d'établissement, l'implication des enseignants sont des critères de poids dans la réussite ou l'échec de ces formations.

Des journées de l'Éducation nationale ainsi que de nombreux colloques et forums de discussion sont organisés autour de cette thématique qu'est l'accueil des enfants migrants, preuve d'une volonté d'accompagner ces jeunes vers la réussite de leurs parcours.

Date	Texte	Observation
13 janvier 1970 B.O. n° 5 du 29 octobre 1970	Circulaire n° IX 70-37, *Classes expérimentales d'initiation pour enfants étrangers*	Premier texte organisant l'accueil et la formation des enfants étrangers.
2 février 1973	Circulaire 73-1008, *Enseignement du portugais à destination des élèves portugais scolarisés dans l'enseignement élémentaire*	Création des ELCO.

Date	Texte	Observation
25 septembre 1973 B.O. n° 36 du 4 octobre 1973	Circulaire 73-783, *Scolarisation des enfants étrangers non francophones arrivant en France entre 12 et 16 ans*	Prise en compte des élèves accueillis au-delà de l'école élémentaire.
4 novembre 1976 B.O. du 8 novembre 1976	Circulaire 76-387, *Création des Cefisem*	
1er septembre 1977	Circulaire 77-310, *Les Cefisem sections pédagogiques des écoles normales d'instituteurs*	
25 juillet 1976 B.O. n° 31 du 7 septembre 1978	Circulaire 78-238, *Scolarisation des enfants immigrés*	
13 avril 1983 B.O. n°16	Note de service 83-165, *Scolarisation des enfants immigrés. Enseignement des langues et cultures d'origine (ELCO)*	
13 mars 1986 B.O. n° 13 du 3 avril 1986	Circulaire 86-119, *Apprentissage du français pour les élèves nouvellement arrivés en France*	Cette circulaire et les deux suivantes vont régir, jusqu'en avril 2002, l'accueil et la formation des élèves étrangers et se substituent aux circulaires de 1970 et de 1973 (73-783).
13 mars 1986 B.O. n° 13 du 3 avril 1986	Circulaire 86-120, *Accueil et intégration des élèves étrangers dans les écoles, collèges et lycées*	
13 mars 1986 B.O. n° 13 du 3 avril 1986	Circulaire 86-121, *Missions et organisation des CEFISEM (Centres de formation et d'information pour la scolarisation des enfants de migrants)*	
9 octobre 1990 B.O. n° 38 du 18 octobre 1990	Circulaire 90-270, *Missions et organisation des CEFISEM*	Extension de la mission des CEFISEM à l'éducation prioritaire (ZEP) et à la lutte contre les difficultés de tous ordres
20 mars 2002 B.O. spécial n° 10 du 25 avril 2002	Circulaire 2002-063, *Modalités d'inscription et de scolarisation des enfants de nationalité étrangère des premier et second degrés*	Cette circulaire et les deux suivantes se substituent aux circulaires de 1986.
20 mars 2002 B.O. spécial n° 10 du 25 avril 2002	Circulaire 2002-100, *Organisation de la scolarité des élèves nouvellement arrivés en France sans maîtrise suffisante de la langue française ou des apprentissages*	Ce texte remplace la circulaire du 4 novembre 1976 et recentre l'action des ex-CEFISEM en direction des élèves non francophones (ou partiellement) nouvellement arrivés.
20 mars 2002 B.O. spécial n° 10 du 25 avril 2002	Circulaire 2002-102, *Missions et organisation des Centres académiques pour la scolarisation des nouveaux arrivants et des enfants du voyage (CASNAV)*	
19 octobre 2004 B.O. n° 39 du 28 octobre 2004	Note de service 2004-175, *Attribution aux personnels enseignants des premier et second degrés relevant du MEN d'une certification complémentaire dans certains secteurs disciplinaires.*	
25 juillet 2008 B.O. n° 31 du 31 juillet 2008	Circulaire 2008-102, *Relations École-familles. Opération expérimentale « Ouvrir l'école aux parents pour réussir l'intégration »*	

Source : cours de mastère Pro, Gérard Vigner, Paris III.

3. Le cas particulier des 16-18 ans

De plus en plus de jeunes âgés de 16 à moins de 18 ans arrivent en France, seuls, avec un seul parent ou avec de la famille dans le cadre d'un regroupement familial. L'école en France étant obligatoire jusqu'à 16 ans, tous ne se dirigent pas vers des centres de formation, mais beaucoup souhaitent apprendre la langue du pays d'accueil. Dans les zones urbaines, ils peuvent entrer dans les lycées de l'Éducation nationale mais les places sont insuffisantes. D'après le *B.O.* du 25 avril 2002, « pour les mineurs étrangers de seize ans à dix-huit ans, même s'ils ne sont pas soumis à l'obligation scolaire, il y a lieu de veiller à ce que leur scolarisation puisse être assurée, en prenant en compte naturellement leur degré de maîtrise de la langue française et leur niveau scolaire. » Il est précisé que le refus de scolariser un jeune qui n'est plus soumis à l'obligation scolaire doit être motivé (arrêt de section du Conseil d'État du 23 octobre 1987 consorts Métrat). Ce refus peut être justifié par un « motif pédagogique. »[1]

Selon leur lieu d'habitation, ces jeunes peuvent entrer sur des dispositifs de droit commun dans des associations financées par le Conseil régional ou général[2]. Malheureusement, lorsqu'ils ne possèdent pas d'autorisation de travail, ils ne peuvent pas intégrer ces formations car ils ne relèvent pas de la formation professionnelle.

3.1. L'Éducation nationale

D'après la fiche n° 4 du comité ministériel de 2003 :

FICHE 4
Préparer l'insertion sociale et professionnelle des jeunes étrangers de 16 ans nouvellement arrivés en France

SITUATION ACTUELLE :
Une partie des jeunes étrangers nouvellement arrivés en France est accueillie dans les dispositifs de la *Mission générale d'insertion de l'Éducation nationale* pour acquérir les bases d'une qualification professionnelle et pour définir un projet professionnel, sous réserve qu'ils aient plus de 16 ans et qu'ils n'aient pu, faute de pré-requis suffisant, être inscrits dans une scolarité classique.

.../...

---

1. *B.O.* spécial du 25/04/2002.
2. Organes exécutifs d'une région (conseil régional) ou d'un département (conseil général) : ces assemblées élues sont chargées de délibérer sur les affaires de la région ou du département.

.../...

Ils bénéficient alors d'actions spécifiques qui comportent, à côté de l'enseignement intensif du français, une mise à niveau des connaissances de base, une découverte des métiers et de l'entreprise à travers des stages en milieu professionnel, et enfin l'élaboration d'un projet professionnel. Ces jeunes reçoivent en outre un accompagnement et un suivi personnalisés. Ces actions sont développées dans les établissements scolaires où les jeunes y sont inscrits sous le statut d'élève.

OBJECTIFS :
Donner à ces jeunes l'opportunité d'acquérir des connaissances de base solides qui leur permettent ensuite de suivre un cursus de formation et d'acquérir une qualification professionnelle.

MESURES :
Multiplier les actions existantes conduites par la mission générale d'insertion de l'Éducation nationale. Pour cela il conviendra de :
– systématiser les cellules d'accueil, de repérage dans chaque inspection académique, principalement dans les départements où sont constatés des flux d'arrivée importants de ces jeunes ;
– prévoir des horaires suffisants pour garantir la solidité des apprentissages ;
– renforcer la formation des personnels qui interviennent dans ces actions avec les centres académiques pour la scolarisation des enfants nouvellement arrivés et du voyage ;
– multiplier les partenariats avec les entreprises et les associations ;
– disposer d'un outil national de suivi et d'évaluation de ces dispositifs.

Les nouveaux arrivants âgés de plus de 16 ans – ne relevant donc pas de l'obligation scolaire – peuvent être accueillis dans le cadre de la mission d'insertion de l'Éducation nationale (MIEN) « qui travaille à la qualification et à la préparation à l'insertion professionnelle et sociale des élèves de plus de 16 ans ». Des modules d'insertion préprofessionnels spécialisés en français langue étrangère (FLE) et en alphabétisation (Cycle d'Insertion Professionnelle par Alternance-CIPPA-FLE-ALPHA) peuvent être mis en place pour les jeunes peu ou pas scolarisés dans leur pays d'origine. Ces modules, où les jeunes travaillent un projet professionnel individualisé lors de stages en entreprise, n'existent pas dans tous les lycées : les enseignants spécialisés manquent et les classes sont souvent surchargées. La MIEN travaille en lien avec les missions locales : lorsqu'un jeune n'a pas le niveau requis pour suivre une formation, qu'il n'y a plus de places au lycée ou que le jeune atteint sa majorité sans titre de séjour... Dans les deux premiers cas, le jeune peut être orienté vers le monde du travail ou vers une formation de droit commun.

3.2. La formation linguistique et professionnelle dans les associations

Le Conseil régional, le Conseil général, l'État français *via* sa nouvelle agence de cohésion sociale (ALSE) et le FSE (Fonds Social Européen) financent, par subventions ou par marchés publics, des formations à destination des 16-25 ans en possession d'un titre de séjour ou d'une autorisation de travail provisoire. En fonction de la zone et des volontés politiques, ces dispositifs sont plus ou moins développés.

Il y a différents types de formations dont les deux plus fréquentes sont : une formation d'apprentissage de la langue de base (lecture, écriture, oral du quotidien) et une formation spécifique à visée professionnelle. Les périodes en centre de formation alternent avec des stages en entreprise. Le jeune perçoit par exemple une rémunération par le *Centre national pour l'Aménagement des structures et des Exploitations agricoles* (CNASEA)[1] chaque mois de façon à couvrir les frais de déplacement et les repas en formation.

L'objectif de ces formations est de permettre aux jeunes d'apprendre la langue pour être autonomes au quotidien dans leur nouvelle société et de se diriger vers l'emploi. Pour cela, des enseignements en FLE, des cours de remise à niveau en mathématiques, des cours de VSP (vie sociale et professionnelle), de citoyenneté ainsi que des modules « dynamique d'insertion » (rédaction de CV, préparation à l'entretien d'embauche) leur sont dispensés. Il faut noter que ces formations ne sont pas spécifiques au public migrant mais ouvertes à tous les jeunes de 16 à 25 ans.

3.3. Les 16-18 ans sans papiers

Il s'agit d'une situation bien particulière. Elle est le fait de jeunes gens venus seuls pour fuir une vie difficile à la recherche d'un idéal ou de jeunes venus sur le passeport d'un parent – le père bien souvent –

---

1. Organisme de gestion de fonds publics.

et n'ayant pas de papiers. La législation française accorde un titre de séjour principalement aux jeunes venus dans le cadre d'un regroupement familial ou arrivés en France avant l'âge de 13 ans pouvant justifier donc de cinq années de présence en France à leur majorité. Ces jeunes arrivés à 16 ans avec ou sans visa ne peuvent entrer en formation car, sans aucun titre, ils ne pourront prétendre à une formation de droit commun. Ils peuvent toutefois rester sur le territoire français tant qu'ils sont mineurs. Quelques associations financées localement par les communautés de communes ou les contrats de ville mettent en place des dispositifs visant à familiariser les jeunes avec la langue et la culture du pays et à les aider administrativement. La situation est difficile pour les jeunes comme pour les formateurs car peu seront régularisés et ils se retrouveront en situation irrégulière et victimes du travail clandestin, de l'exploitation familiale... Si ces jeunes pouvaient obtenir une autorisation provisoire de travail, ils pourraient suivre une formation professionnelle, ce qui permettrait à certains de repartir au pays avec un bagage et non sur un sentiment d'échec. Ces dispositifs n'existent pas partout en France, ils sont le fruit d'initiatives locales.

On peut souligner le travail de l'*Association des jeunes errants*[1] à Marseille, qui repère des jeunes souvent livrés à eux-mêmes dans la rue pour leur permettre de bénéficier des dispositions relatives à la protection de l'enfance :

« Ce savoir-faire, élaboré au cours des années à été acquis grâce au soutien et à la participation active de partenaires français, italiens, espagnols, algériens, marocains concernés par les trajectoires de ces enfants, présents et intervenants dans les villes d'accueil, de transit ou d'origine.

Ces partenariats, fondés sur le volontariat, ont permis de mener un double travail auprès de l'enfant pendant sa présence en France et sa famille restée au pays d'origine. Des échanges de professionnels et des interventions conjointes en France, et aux pays d'origine, ont permis de finaliser les méthodologies d'intervention.

Les collectivités en charge de la coopération décentralisée (Ville, Département, Région) ainsi que le FASILD (devenu l'ACSE) ont soutenu cette expérimentation dans l'intérêt des familles et de leurs enfants.

Les dispositions adoptées dans le Département des Bouches-du-Rhône, en matière d'accueil et d'investigation des mineurs non accompagnés ou "rejoignants" (hors procédure de regroupement familial), font l'objet d'une appréciation et d'une concertation interservices lors du comité de pilotage qui se réunit à minima deux fois par an sous l'égide de la préfecture des Bouches-du-Rhône [...]. »

---

1. http://www.jeuneserrants.org

4. Dispositifs pour le public adulte

En France, il existe de nombreux dispositifs de cours de français pour migrants adultes. Des associations humanitaires ou bien encore des associations de quartier dispensaient des cours dits d'« alphabétisation » depuis les années 1970. Il s'agissait essentiellement de cours de français donnés par des bénévoles et subventionnés par l'État ou les collectivités territoriales. Cependant, beaucoup de migrants installés en France depuis de nombreuses années ne maîtrisent pas la langue. Partant de ce constat, les dernières politiques d'immigration mises en place en France ont défini un dispositif bien particulier. Le plus récent concernant l'enseignement de la langue aux nouveaux arrivants est le Contrat d'Accueil et d'Intégration (CAI) : c'est un dispositif[1] que l'on retrouve dans plusieurs pays d'Europe.

4.1. Un dispositif basé sur un contrat

Un programme interministériel

Le programme interministériel établi en 2003 propose de créer un service public de l'accueil, de favoriser l'insertion socioprofessionnelle des migrants et, surtout, de mettre en place le contrat d'accueil et d'intégration. C'est ce que souhaitaient déjà en 2001 les membres du Haut Conseil à l'Intégration (désormais HCI) dans un rapport :

« Chaque primo-arrivant doit se voir systématiquement proposer la signature d'un contrat individuel d'intégration avec l'agence nationale de l'accueil. Un tel contrat, qui symbolisera la première étape du processus d'intégration, répond à un triple objectif. Il doit d'abord permettre d'individualiser le service rendu grâce à une identification des besoins concrets du primo-arrivant. Il sera ensuite l'occasion de formaliser l'ensemble des services et des prestations offertes dans le domaine de l'accueil – notamment en matière linguistique – par l'agence et ses partenaires. Il doit enfin marquer la volonté de l'immigré de s'insérer dans la société d'accueil. » On retrouve déjà en 2001 ce souhait de mouvement de réciprocité où l'État et le migrant s'engagent ensemble pour réussir l'intégration.

---

1. Il faut noter que ce dispositif de formation linguistique propose également un volet pour les migrants déboutés de la naturalisation pour défaut d'assimilation ainsi qu'un volet FLE et alphabétisation pour les étrangers installés en France depuis plusieurs années. Ces formations sont financées par la nouvelle agence de cohésion nationale (ACSE).

Un contrat : des engagements réciproques

Dans le cadre des nouvelles orientations gouvernementales en faveur des populations immigrées, un contrat d'accueil et d'intégration (CAI) est proposé aux nouveaux arrivants. Il s'agit d'un engagement réciproque dans lequel :
– la France s'engage à fournir à tout nouvel arrivant en situation régulière des prestations d'accueil de qualité ;
– le nouvel arrivant s'engage à respecter la Constitution, les lois et règlements de la République et les valeurs fondamentales de notre société ainsi qu'à suivre les formations qui lui sont proposées.

Cinq prestations étaient liées à l'origine à la mise en œuvre du CAI par un dispositif de marchés annuels nationaux : prescription linguistique (le *Bilan de prescription et d'évaluation linguistique* ou BPEL), formation civique, formation « Vivre en France », formation linguistique et *Bilan d'orientation préprofessionnelle* (le BOPP non renouvelé actuellement car peu prescrit). Une nouvelle prestation vient de donner lieu à un appel d'offres national, il s'agit de la passation du DILF, examen sur lequel nous reviendrons en détail un peu plus loin.

4.2. Le public adulte

Migrants éligibles au dispositif CAI

Le dispositif concerne les primo-arrivants de plus de 16 ans :
– bénéficiaires du regroupement familial ;
– membres étrangers de famille française ;
– réfugiés statuaires et leur famille ;
– titulaires d'un droit au travail et au séjour d'une durée minimale.

Statistiques

Sur les 100 000 nouveaux arrivants sur le territoire français chaque année, tous ne sont pas susceptibles de signer le CAI. Les critères d'éligibilité établis et le passage à l'Agence nationale de l'accueil des Étrangers et des migrations (ANAEM) amènent à ce décalage. Néanmoins, 87 % des personnes éligibles à qui le contrat est présenté le signent. Lors des six mois d'expérimentation, un prestataire a réalisé une collecte de données[1] sur le public du CAI représentatives des douze départements pilotes. Voici les résultats obtenus :
– âge des signataires : moins de 26 ans (33,8 %), de 29 à 49 ans (60,4 %), 50 ans et plus (5,8 %) ;

---

1. Données collectées par Socio logiciels.

– sexe : hommes (40,1 %), femmes (59,9 %) ;
– nationalité : Algérie (17 %), Maroc (23 %), Comores (1,3 %), Tunisie (5,2 %), Turquie (11,2 %), Madagascar (0,6 %), Congo (0,5 %), Cameroun (0,5 %), Sénégal (0,6 %), Pologne (1 %), Roumanie (0,5 %), États-Unis (1,1 %), Inde (2,5 %), autres (34,9 %) ;
– niveau scolaire : non scolarisé (10,7 %), primaire (21,9 %), secondaire (51 %), enseignement supérieur (16,5 %).

Nous remarquons que le public CAI est, en moyenne, jeune, de formation secondaire et, majoritairement, d'origine maghrébine. On assiste souvent à des regroupements par nationalité en fonction du passé économique de certains départements ou de la proximité frontalière avec le pays d'origine : il vaut mieux rester prudent sur ces chiffres.

4.3. Les nouvelles tendances

Plusieurs grandes nouveautés en matière de formation des migrants sont importantes à souligner car elles témoignent de la complexification des politiques de prise en charge.

Le choix des prestataires : professionnalisation des acteurs

Si jusqu'ici la formation était laissée à des associations caritatives et au bénévolat, elle est désormais confiée à des prestataires de services sélectionnés pour une durée donnée (de un à trois ans) d'après leur réponse à un appel d'offres selon le code des marchés publics. Le territoire ayant été au préalable découpé en lots (correspondant en majorité aux départements), l'offre de formation n'est donc pas homogène et varie d'un lot à l'autre : on assiste à une décentralisation de la formation. Contrairement aux enfants scolarisés par l'Éducation nationale, les formations à destination des adultes, bien que financées et commandées par l'État, ne sont pas basées sur des programmes. Les organismes de formation partent d'un cahier des charges stipulant les objectifs à atteindre, les délais et les modalités d'enseignement pour rédiger un projet pédagogique, économique et administratif. Lors de l'attribution des marchés, des points sont réservés à l'expérience et à la qualification des équipes pédagogiques. Les organismes de formation sont ainsi encouragés à recruter des équipes de plus en plus compétentes et à se remettre en question en engageant une réflexion sur leurs pratiques avant de répondre à de nouveaux appels d'offres.

Formation civique et formation linguistique étroitement liées

La formation pour adultes s'inscrivant dans le cadre d'un contrat passé avec l'État, les notions d'intégration et de citoyenneté sont mises en avant. Il s'agit à l'heure actuelle d'apprendre la langue du pays d'accueil dans un contexte civique, ainsi en parallèle de l'enseignement du français, des ateliers citoyens sont mis en place.

Lorsque les migrants nouvellement arrivés sont convoqués pour passer différents entretiens (médical, social, administratif et linguistique), la journée commence par l'accueil en salle télé où une vidéo de vingt minutes intitulée « Vivre en France » est projetée : il s'agit d'une présentation de la France, de ses institutions, de ses valeurs, des secteurs économiques porteurs, de la vie dans la société française... À la suite de la projection, les auditeurs sociaux présentent le CAI en expliquant ce à quoi les personnes s'engagent et ce que ce contrat représente : des formations gratuites, des parcours individualisés, des cours près de son domicile... À la fin du module d'accueil, les signataires du CAI repartent avec une mallette contenant le contrat signé, une lettre du Premier ministre, un livret avec des conseils pratiques sur la vie en France et une convocation pour la formation civique. Cette dernière est obligatoire pour les signataires du CAI. Elle est organisée sur une journée, dans un lieu facile d'accès, et se compose de deux volets concernant, d'une part, les institutions françaises et, d'autre part, les valeurs républicaines. Cette prestation comprend également l'interprétariat et la restauration. L'objectif de la formation civique est de permettre aux nouveaux arrivants de découvrir le fonctionnement des institutions et des administrations françaises ainsi que de s'initier aux valeurs et aux principes fondamentaux.

Il existe une autre formation intitulée « Vivre en France » mais celle-ci est facultative, elle vient en complément de la formation civique. Elle est organisée sur une journée dans un lieu bien desservi et se déroule en deux temps : un module commun aux vingt participants appelé « tronc commun sur la France, terre d'histoire et de culture et les informations pratiques de la vie quotidienne » et un module découpé en quatre ateliers de réflexion autour de la santé, de l'école, de l'emploi et du logement. Cette journée permet une première approche pratique de la vie française.

Si la formation civique est obligatoire, contrairement à la formation linguistique, elle n'est pas évaluée en fin de parcours...

La notion de contrat : caractère obligatoire de la formation ?

Pour inciter les migrants à atteindre leurs objectifs linguistiques, cette notion de contrat revêt un caractère obligatoire. Le contrat, fortement conseillé lors de sa mise en place, devient obligatoire en 2007 : il facilite par la suite les démarches administratives à venir. L'objectif de la formation est de permettre aux stagiaires d'atteindre un niveau donné. Mais, dès que le migrant atteint ce niveau, il est libéré de son engagement pris lors de la signature du contrat et peut arrêter la formation avant la fin des heures prescrites. En cas d'interruption de la formation linguistique, pour un emploi par exemple, les heures sont préservées jusqu'à la fin du contrat (dans un délai de deux ans maximum) de façon à ce que le signataire puisse réintégrer la formation facilement.

Les formations linguistiques doivent être adaptées aux signataires en termes de rythme et de niveau notamment. Ainsi les organismes de formation doivent être capables d'ajuster les parcours de façon à proposer des cours allant de six à trente heures par semaine pour chaque signataire. Aucun programme n'est imposé et, si la maîtrise de l'oral reste l'objectif premier, l'enseignement de la langue écrite est désormais évalué. C'est aux organismes de concevoir leur matériel pédagogique et de choisir des formateurs aux compétences reconnues.

Individualisation des parcours

Chaque contrat étant unique, cela implique une individualisation des parcours de formations. Les situations des publics varient tellement d'un migrant à l'autre selon son âge, sa nationalité, son statut social, son statut juridique, son profil d'apprentissage, son cursus d'apprentissage, ses objectifs personnels et professionnels, ses disponibilités, son lieu d'habitation, qu'il est très difficile de mettre en place des parcours collectifs basés sur des programmes figés. Le cahier des charges prévoit une individualisation des parcours jalonnée d'entretiens avec un prestataire de bilan et d'évaluation. Il s'agit de donner une plus grande souplesse au dispositif mais cela implique en contrepartie un véritable casse-tête en matière de gestion et d'organisation des enseignements pour les organismes de formation.

Un bilan est composé de deux modules destinés au public migrant signataire du CAI ayant des difficultés à communiquer en français ou ne communiquant pas du tout. Le prescripteur reçoit individuellement chaque personne pour établir un bilan qui définira un rythme d'apprentissage de la langue ainsi qu'un nombre d'heures à réaliser. Il s'agit d'un entretien au cours duquel le prescripteur cherche à en savoir plus sur le niveau scolaire du migrant, sur ses disponibilités, sur son lieu d'habitation, sur ses connaissances en langues maternelle et étrangères et, bien sûr, en langue française. L'entretien se passe en français dans la mesure du possible et revêt souvent la forme d'une conversation conviviale. Certains prescripteurs utilisent des tests écrits de leur composition de façon à cerner au mieux les besoins en langue et se basent sur une grille d'évaluation personnelle. Le second module correspond à la phase d'évaluation du niveau en fin de formation et à la délivrance d'une attestation de formation ou d'un diplôme. Si, en fin de parcours, le signataire souhaite approfondir ses connaissances en langue française, il peut s'inscrire selon les places disponibles sur un nouveau parcours en basculant sur un autre dispositif de droit commun.

Accompagnement vers l'emploi

Un *Bilan d'orientation préprofessionnel* (BOPP) était initialement proposé aux signataires. Il ne remplaçait pas le bilan de compétences proposé par les ANPE (Agences nationales pour l'emploi) mais correspondait à une première étape vers l'emploi où le signataire cherchait à définir son projet professionnel. Le prestataire du BOPP intervenait pendant trois heures auprès de chaque signataire. Le but du BOPP n'était pas de proposer un emploi au signataire mais de réfléchir avec un conseiller sur un métier correspondant aux compétences et aux possibilités du migrant. Cependant, le prestataire du BOPP se devait de correspondre régulièrement avec l'ANPE et les services pour l'emploi de façon à envisager et préparer la suite du parcours du signataire vers l'emploi. Cette prestation n'a pas été renouvelée et ne fait pas partie du dispositif aujourd'hui.

Les politiques relatives aux migrants influent sur les politiques linguistiques et sur l'histoire des institutions. En France, par exemple, en 1945, les premières cartes de séjour sont mises en place, les politiques linguistiques font de la connaissance de la langue une condition d'accès à la nationalité et l'ONI est créée. Il faut tenir compte de ces trois domaines pour comprendre la mise en place et l'évolution des dispositifs d'accueil et de formation des migrants.

II

POLITIQUES LINGUISTIQUES ET ORGANISATION DES FORMATIONS EN EUROPE ET DANS D'AUTRES RÉGIONS DU MONDE

> « On voit aujourd'hui apparaître de nombreuses pratiques en matière d'intégration, allant d'une interaction quasi inexistante entre les migrants et la société d'accueil (imputable à une ségrégation subie ou voulue) au modèle transnational, en passant par une vaste majorité de politiques visant l'adaptation à la culture dominante et l'assimilation. Mais la mondialisation confère nécessairement un sens différent à l'intégration, simplement en raison de la fluidité des mouvements, et il faudrait que les politiques reflètent cette nouvelle donne »
>
> Brunson McKinley[1], Directeur général de l'OIM (Organisation Internationale pour les Migrations).

---

1. http://www.iom.int/en/know/idm/mhs_200605_en.shtml

1. Politique d'intégration en France

1.1 Comités interministériels et programmes 2003 et 2006

Réunion du comité interministériel

Un Comité interministériel à l'intégration (CII) s'est réuni le 10 avril 2003. Un tel événement ne s'était pas produit depuis près de dix ans. Ce comité compte 25 ministres, la présidente du Haut Conseil à l'intégration, Blandine Kriegel, et le président de la mission interministérielle aux rapatriés.

Ce comité était présidé en 2003 par le Premier ministre de l'époque, Jean-Pierre Raffarin. Son rôle était d'établir un programme d'actions impliquant plusieurs ministères et de veiller à leur mise en œuvre chaque année. Lors de cette réunion, le comité de l'époque a annoncé un programme en 55 fiches construites autour de trois grandes orientations :
– construire des parcours d'intégration pour les nouveaux arrivants ;
– encourager la promotion individuelle, sociale ou professionnelle ;
– agir contre les intolérances pour la légalité des droits.

Un programme en 55 fiches

Les fiches sont composées de la manière suivante : un point sur la situation actuelle, les objectifs de l'année et les mesures à prendre pour atteindre ces objectifs.

CONSTRUIRE DES PARCOURS D'INTÉGRATION POUR LES NOUVEAUX ARRIVANTS

1. Mise en place du service public de l'accueil des nouveaux migrants
Fiche 1 : Créer l'Agence française pour l'accueil et les migrations internationales (AFAMI) et mettre en place un véritable service public de l'accueil
Fiche 2 : Renforcer l'action sanitaire dans le cadre de la politique d'accueil
Fiche 3 : Renforcer les formes adaptées de scolarisation au profit des élèves nouveaux arrivants
Fiche 4 : Préparer l'insertion sociale et professionnelle des jeunes étrangers de 16 ans nouvellement arrivés en France

.../...

…/…
2. Créer un contrat d'accueil et d'intégration
Fiche 5 : Créer le contrat d'accueil et d'intégration
Fiche 6 : Contrat d'accueil et d'intégration : la formation linguistique des nouveaux arrivants, une nécessité
Fiche 7 : Contrat d'accueil et d'intégration : la formation civique, une priorité
Fiche 8 : Contrat d'accueil et d'intégration : lier service public de l'accueil et service public de l'emploi, une finalité
Fiche 9 : Initier une journée d'information (Vivre en France) pour les nouveaux arrivants

3. Consolider les parcours d'intégration
Fiche 10 : Favoriser l'accès aux droits concernant plus particulièrement les étrangers
Fiche 11 : Conforter et cibler les missions des adultes-relais
Fiche 12 : Faciliter l'accès des migrants à la prévention et à l'éducation à la santé
Fiche 13 : Créer des centres d'apprentissage du français dans les quartiers
Fiche 14 : Développer l'offre de formation au français pour les candidats à la naturalisation
Fiche 15 : Encourager l'apprentissage de la langue française par la diffusion de programmes radiophoniques
Fiche 16 : Adapter l'offre de logements aux besoins identifiés localement
Fiche 17 : Réduire les délais de naturalisation

Comité du 24 avril 2006

Le 24 avril 2006, un nouveau comité interministériel à l'intégration s'est tenu en France. Il s'agissait d'installer le Haut Conseil à l'intégration et de fixer quatre grandes priorités dans un programme ambitieux :
– améliorer les parcours d'intégration par la généralisation du CAI rendu obligatoire et par la mise en place du DILF, diplôme faisant de la connaissance de la langue française un élément important de l'intégration. Il est aussi question de citoyenneté et de cérémonie d'accueil organisée par des représentants de l'État.
– faciliter l'insertion sociale et l'accès à l'emploi en accompagnant les jeunes et les femmes et en assurant l'égalité des chances en entreprises.

– prendre en compte les cas particuliers : migrants âgés, milieu rural, foyers d'accueil...
– réaffirmer le pacte républicain en faisant respecter la laïcité et en luttant contre les discriminations notamment avec la HALDE (Haute Autorité de Lutte contre les Discriminations et pour l'Égalité)[1].

Enfin, à l'issue de ce comité, la décision de créer « la Cité nationale de l'histoire de l'immigration » en 2007 a été annoncée afin de prendre acte de l'héritage immigrant dans la France contemporaine et de faire changer le regard de la société sur les populations étrangères. « L'établissement public de la Porte Dorée – Cité nationale de l'histoire de l'immigration – est chargé de rassembler, sauvegarder, mettre en valeur et rendre accessibles les éléments relatifs à l'histoire de l'immigration en France, notamment depuis le XIXe siècle et de contribuer ainsi à la reconnaissance des parcours d'intégration des populations immigrées dans la société française et de faire évoluer les regards et les mentalités sur l'immigration en France. »[2]

1.2. Origine de cette politique française et contrat d'intégration

Origine et objectifs de cette politique publique d'intégration

« Le Gouvernement souhaite marquer un tournant en matière de politique publique d'intégration dans la République. Dorénavant, l'accueil des nouveaux migrants s'inscrira résolument dans une logique d'intégration à terme pour ceux qui le souhaitent.

Parce que des hommes et des femmes se sentent ignorés de la République, détachés d'un projet commun, il est impératif de renouer avec une ambition : assurer les conditions d'une promotion sociale et professionnelle, en un mot, réparer l'ascenseur social républicain. »[3]

Forts de l'expérience du passé et conscients des données actuelles en matière d'immigration, les membres du comité souhaitent créer, pour la première fois en France, les conditions d'un accueil « digne de ce nom » des étrangers entrant légalement sur le territoire français et souhaitant s'installer pour une longue période. L'objectif principal est alors de faciliter leur intégration dans la République française. L'accueil correspond au premier moment de l'intégration, il est donc primordial de mettre l'accent sur l'accueil de façon à amorcer et espérer une insertion dans la société française.

---

1. http://www.halde.fr
2. http://www.histoire-immigration.fr
3. *JO* Sénat du 12/06/2003, p. 1921.

La mise en place d'un contrat

Un contrat est un accord signé entre plusieurs parties où chacune prend des engagements envers les autres. Ce contrat donne une nouvelle dimension à l'accueil. Il est proposé personnellement à chaque primo-arrivant (c'est-à-dire à tout migrant arrivé administrativement en France depuis moins de deux ans). Il s'agit d'un contrat impliquant réciproquement des droits et des devoirs. Si le migrant signe ce contrat, l'État s'engage avec celui-ci à mettre tout en œuvre en vue de favoriser son intégration. Cette idée de contrat est nouvelle en France, elle s'inspire d'autres pays comme le Canada et s'inscrit dans une logique républicaine où droits et devoirs sont fortement liés. On s'éloigne ici d'une image de la France « État-providence » ou de la France « terre d'asile », le pays d'accueil s'engage désormais sous certaines conditions... Les bénéfices d'une migration doivent être partagés par le migrant et le pays d'accueil. Au-delà des valeurs républicaines, la notion de contrat relève du domaine juridique ce qui peut induire un lien entre le séjour des étrangers et leur situation juridique et administrative. Le contrat est une pratique utilisée dans le monde du travail, c'est une convention signée entre deux parties proposée après une phase de recrutement et de sélection : faut-il y voir des similitudes avec les contrats de formation proposés aux migrants ? Enfin, un contrat peut être renouvelé, modifié, résilié ou rompu : cela a-t-il une incidence sur les conditions d'installation et sur la durée du séjour ? S'il est résilié ou rompu, cela peut-il entraîner des sanctions ?

Le comité s'est basé sur plusieurs postulats pour alimenter sa réflexion au moment du choix du contenu et des objectifs du CAI.
• La maîtrise de la langue du pays d'accueil est indispensable pour s'insérer, sans cela un migrant ne peut s'insérer totalement. Il faut donc donner aux signataires l'accès à des formations linguistiques et évaluer les compétences acquises. Ces formations seront individualisées et sanctionnées par une forme de certification. « L'objectif sera au minimum, de permettre l'insertion sociale, et le plus possible d'ouvrir la voie vers l'insertion professionnelle par l'accès aux formations qualifiantes.[1] » En avril 2006, une nouvelle réunion du CII a lieu : le référentiel A1.1 est adopté, il servira de base notamment à un nouveau diplôme appelé DILF (Diplôme Initial de Langue Française).
• Le contrat d'accueil et d'intégration proposera également un volet « formation à caractère civique » basée sur la connaissance du droit des personnes, des institutions du pays et des valeurs de République

---
1. Voir dossier de presse sur www.social.gouv.fr

française. Le CAI donnera aussi accès à un accompagnement social personnalisé pour ceux qui en auront besoin. Pour lier ces deux demandes, le comité souhaite créer l'agence de l'accueil évoquée plus haut.

- Le comité s'intéresse également à l'autonomie économique des migrants. S'agissant en particulier d'installations durables, la question de l'emploi se posera rapidement aux nouveaux arrivants. C'est pourquoi il faut préparer ces personnes au marché du travail et les aider à trouver leur place dans le monde professionnel.

Le programme d'actions du contrat d'accueil et d'intégration se décompose donc en trois parties principales dont les objectifs correspondant aux grands axes de la politique publique d'intégration sont les suivants :
– construire des parcours d'intégration pour les nouveaux arrivants ;
– assurer la promotion sociale, professionnelle et individuelle ;
– agir contre les intolérances pour l'égalité des droits.

1.3. Politiques depuis 2006

Durcissement des lois sur l'immigration

Plusieurs pays, tels que le Royaume-Uni, l'Allemagne, les Pays-Bas, etc., ont modifié leurs politiques d'accueil des migrants récemment : la tendance est au durcissement des lois et à l'augmentation du nombre de conditions à remplir pour être candidat au séjour (contrôles plus stricts, allongements des durées d'attente pour les demandes de régularisation ou de visa, titres de séjour plus courts...).

En France, il en va de même, en mars 2006, Nicolas Sarkozy présente son projet de loi appelé le CESEDA (Code d'entrée et de séjour des étrangers et du droit d'asile). Une des conditions majeures à l'obtention d'un titre de séjour est « l'intégration républicaine de l'individu » : cette notion reste à définir.

D'après H.E.M Craig Roberts STAPLETON, ambassadeur des États-Unis en France, dans son discours prononcé le 28 juin 2006 à l'ESSEC[1], « la France ne semble pas avoir véritablement mis en œuvre des politiques d'intégration. Elle s'est reposée sur l'idée que le système de protection sociale, le travail mais surtout l'école permettaient d'insérer durablement des populations récemment arrivées dans le tissu de la société française [...] Sur quels critères s'appuyer pour déterminer la réussite d'une intégration ? De nombreux pays d'Europe ont, bien avant la France, mis en place des politiques actives d'intégration. » Forte de ce

---

1. Compte rendu de la conférence *US&French economies, convergences & divergences*, juin 2006.

constat, la France place aujourd'hui la notion d'intégration au cœur de sa politique d'immigration.

Politique et intégration

Les politiques actuelles en France et plus largement en Europe se basent sur une sélection des étrangers en vue d'une meilleure intégration. « Intégration » est un terme que l'on retrouve systématiquement dans les projets de lois sur l'immigration. Mais qu'est-ce qu'une politique d'intégration ? Le Haut Comité à l'intégration la définit ainsi : « Sans nier les différences, en sachant les prendre en compte sans les exalter, c'est sur les ressemblances et les convergences qu'une politique d'intégration met l'accent afin, dans l'égalité des droits et des obligations, de rendre solidaires les différentes composantes ethniques et culturelles de notre société et de donner à chacun quelque soit son origine, la possibilité de vivre dans une société dont il a accepté les règles et dont il devient un élément constituant. »[1]

L'intégration renvoie à l'idée d'unité, d'harmonie par complémentarité et d'œuvre commune. En effet, les étrangers qui résident en France doivent pouvoir s'intégrer à la société française pour y vivre en harmonie. L'intégration renvoie à l'évolution et à l'histoire de la population française. La France s'est construite au fil des siècles par des apports successifs, qui se sont poursuivis depuis de manière récurrente. La population française s'est ainsi constituée par intégration de nouveaux membres. Leur intégration s'est réalisée au niveau local, grâce à l'école, au travail...

En 1991, le Haut Conseil à l'intégration (HCI) définit cette politique d'intégration comme un « processus spécifique par lequel il s'agit de susciter une participation active à la société nationale d'éléments variés, tout en acceptant la subsistance de spécificités culturelles, sociales et morales, en tenant pour vrai que l'ensemble s'enrichit de cette variété et de cette complexité ». Cette définition présente un modèle d'intégration au caractère dual : l'appartenance à la communauté politique d'une part, qui abolit toutes les singularités des personnes, et le maintien de « spécificités », qui enrichissent la communauté d'accueil, d'autre part. Pour favoriser les conditions d'intégration des migrants, les pouvoirs publics mettent en place des actions de droit commun s'articulant avec des programmes visant à l'intégration au quotidien notamment autour de l'accueil des étrangers, de l'action sociale, de l'action culturelle, d'accès à l'emploi et de lutte contre le

---

1. Haut Conseil à l'intégration, « Pour un modèle d'intégration à la française », premier rapport annuel, La Documentation française, Paris, 1992.

racisme. Le CAI s'inscrit dans cette logique d'intégration. Les symboles de la République sont fortement représentés sur les documents relatifs au CAI et dès lors on voit se profiler les liens qui existent entre intégration et citoyenneté.

> L'exercice de la citoyenneté suppose que les individus concernés participent à la vie sociale. En analysant l'intégration et ses défauts, on contribue à définir et à distinguer les notions d'intégration et de citoyenneté. Par intégration, on désigne toutes les formes de participation à la vie collective par l'activité, le respect de normes communes, les échanges avec les autres, les comportements familiaux, culturels et religieux. On montre ainsi que la réflexion sur la citoyenneté doit prendre en compte l'enracinement social des individus.
>
> (Extrait du *B.O.* spécial n° 6 du 31 août 2000[1])

D'un paradoxe naît une importante réflexion

Pour ce qui est de la France, mais aussi des autres pays d'accueil, on peut noter la conjonction d'une politique de durcissement à l'égard de l'immigration mais, en même temps, le développement très important d'une politique d'accueil et d'accompagnement, ce qui peut paraître contradictoire. Il faut signaler aussi que pendant longtemps la politique d'immigration française à l'égard des populations issues des anciennes colonies se fondait sur des textes qui facilitaient la venue et l'installation, au moins provisoire, de ces populations. Alors que les usages qui se mettent en place tendent à faire entrer dans le droit commun d'une politique classique d'immigration (Canada, Australie, etc.) des populations qui considéraient leur venue en France comme une « facilité » fondée sur une tradition historique... Situation paradoxale ? Des analyses statistiques sur le public migrant et sur son parcours d'intégration ont été demandées par les responsables politiques de façon à dresser un état des lieux et à prendre de nouvelles résolutions.

Quoi qu'il en soit, la situation des migrants est un sujet mis en lumière par les politiques actuelles et plusieurs établissements publics français ont mis en place des groupes d'experts (sociologues, pédagogues, linguistes...) pour réfléchir à l'intégration des migrants. La langue et l'accès à l'emploi sont au cœur des interrogations et il nous paraît

---

1. Ce texte a été produit dans le cadre d'un programme d'éducation civique, juridique et sociale de l'Éducation nationale.

nécessaire, dans tous les cas, d'évoquer cette sensibilité nouvelle pour la formation au français en contexte professionnel. La DGLFLF (Délégation Générale à la Langue Française et aux Langues de France)[1] s'y emploie, le CIEP (Centre International d'études Pédagogiques)[2] aussi on parle, dans le domaine de la législation du travail, de la notion de droit à la langue. En effet, depuis la loi du 4 mai 2004 sur la formation professionnelle tout au long de la vie et au dialogue social, l'apprentissage de la langue française est inscrit dans le code du travail.

De même, les questions liées aux migrations ont pris une place importante et grandissante dans les travaux du Conseil de l'Europe. Des réunions entre ministres responsables de l'immigration sont organisées, une charte sur le statut juridique du travailleur migrant a été proposée, des documents de comparaison des situations et des politiques et dispositifs d'accueil des pays européens (voir paragraphe 3, p. 44) sont produits et de nombreuses conférences intergouvernementales sur l'intégration linguistique des migrants, comme celle de Strasbourg en juin 2008, sont mises en place.

2. Mise en œuvre de cette politique : acteurs en France

Qu'il s'agisse de financeurs ou de prestataires, d'administrations ou d'associations, de nombreux acteurs interviennent dans la mise en œuvre et l'application de cette politique d'intégration, qui fait de la formation un de ses piliers. Formations pour adultes, adolescents ou enfants, nous allons faire le tour des principaux intervenants en France. Nous ne détaillerons pas ici l'action de financement des ministères ou des conseils régionaux et généraux, mais nous évoquerons les acteurs spécifiques à cette politique.

2.1. Du côté des financeurs et des coordonnateurs

Cadre juridique

Le cadre juridique et les orientations des nouveaux dispositifs de formations sont fixés au niveau ministériel par un établissement public

---

1. Organisme rattaché au ministère de la Culture et de la communication, chargé de l'élaboration de la politique linguistique du gouvernement. http ://dglf.culture.gouv.fr
2. Établissement public du ministère de l'Éducation nationale chargé d'expertise, de formation et d'évaluation au plan international dans le domaine des langues et de l'éducation. http://www.cieop.fr

dont les missions sont les suivantes d'après « le guide pratique de l'intégration » de l'ADRI[1] :
– participer à la définition d'une politique de population ;
– s'occuper des demandes d'autorisation de travail et de regroupement familial ;
– contribuer à la politique de migrations : réinsertion, co-développement... ;
– organiser l'accueil des demandeurs d'asile et des réfugiés ;
– impulser les actions d'intégration des migrants ;
– traiter les demandes d'acquisition de la nationalité française.

Une agence d'accueil des étrangers et des migrations

Cette agence est chargée de mettre en œuvre les orientations ministérielles, elle est centrée sur trois principaux types d'activités :
– l'immigration : l'agence s'occupe de la gestion de la phase d'accueil des migrants de façon à faciliter leur intégration dans la société française ;
– le retour au pays d'origine : l'agence apporte des aides au développement local et à la formation ;
– l'expatriation : l'agence collabore d'ailleurs avec l'ANPE de façon à proposer des offres d'emploi à l'étranger.

Un établissement public chargé de gérer les fonds publics

Cet établissement a pour mission première de « favoriser au niveau national, comme au niveau local, l'insertion sociale et professionnelle des travailleurs immigrés et de leurs familles ». Il est chargé de la mise en œuvre des programmes d'action territoriaux et de l'appel d'offres relatif à l'article 30 du code des marchés publics.

2.2. Du côté des prestataires et des acteurs de la formation

Les prestataires de type associatif

Il s'agit d'organismes de formation de type associatif pour la plupart menant des actions en faveur du public migrant. Jusqu'ici ces organismes bénéficiaient de subventions pour mettre en place leurs formations à caractère professionnel ou socialisant. Avec le passage à la commande publique, les organismes doivent répondre à un appel d'offres en constituant un projet pédagogique correspondant aux besoins de formation du public migrant et conforme aux attentes du CAI. Les prestataires s'engagent à couvrir la totalité des lots sur lesquels

---

1. Agence pour le Développement des Relations Interculturelles.

ils ont été retenus, pour cela ils peuvent constituer un groupement solidaire avec d'autres organismes ou sous-traiter certaines actions. Dans les deux cas, il y a une procédure stricte à suivre et une organisation minutieuse à mettre en place. Un des buts des financeurs est d'ailleurs de voir se constituer un réseau d'acteurs de la formation des migrants. Il existe en effet une myriade d'associations dont certaines vivotent grâce à quelques bénévoles. Dans un souci de performance, de professionnalisation et de pouvoir du mouvement associatif, la constitution d'un tel groupement aurait plus de poids en matière de politique publique et pourrait améliorer l'accueil et l'intégration des migrants.

L'Éducation nationale

Nous avons vu précédemment les classes mises en place pour les enfants par l'Éducation nationale. Au-delà de l'enseignement direct, l'Éducation nationale a mis en place un réseau d'acteurs spécifiques ou non au jeune public migrant. L'IUFM (Institut universitaire de formation des maîtres) propose des modules de formation pour les enseignants travaillant avec des élèves nouvellement arrivés. Le réseau des CASNAV (Centre académique pour la scolarisation des nouveaux arrivants et des enfants du voyage), anciennement CEFISEM (Centre de formation et d'information sur la scolarisation des enfants de migrants, créé en 1976), est d'une aide précieuse pour les équipes pédagogiques. Les missions des CASNAV sont les suivantes :
– évaluer les élèves à l'arrivée de façon à apprécier les compétences en langue française et les compétences en langue première de façon à faciliter l'intégration en milieu scolaire. Cette mission d'évaluation est primordiale ;
– orienter les jeunes de 16 à 18 ans vers les CIO (Centres d'orientation et d'information), vers la MGI (Mission générale insertion) et vers des formations professionnelles de niveau 5 ;
– former les équipes enseignantes à l'évaluation et préciser les objectifs poursuivis par le DAI (Dispositif d'accueil et d'intégration) ;
– suivre les élèves ;
– mutualiser les outils pédagogiques et les faire circuler : outils en FLE et FLS, textes officiels, projets interculturels...

Les CIO, MGI et autres RASED (Réseau d'aides spécialisées aux enfants en difficulté) au niveau de l'enseignement primaire, bien qu'ils ne soient pas spécialisés dans l'accueil du public migrant, peuvent intervenir dans le parcours des jeunes. Dans certaines académies, ce sont les conseillers d'orientation psychologues du CIO qui évaluent les jeunes à leur arrivée en France.

De même, les missions locales, l'ANPE et toutes les personnes travaillant à l'insertion peuvent intervenir dans le repérage et l'orientation des publics migrants de plus de 16 ans.

Tous ces acteurs changent de noms au gré des tendances politiques mais les missions restent sensiblement les mêmes. Qu'en est-il dans les autres pays d'Europe et en Amérique du Nord ?

3. Dispositifs d'accueil et d'intégration actuels en Europe et ailleurs

On compte aujourd'hui près de 200 millions de migrants dans le monde. Les États-Unis restent la première destination, puis viennent la Russie, l'Allemagne, l'Ukraine et la France.

Sur les trois millions d'étrangers qui émigrent chaque année, plus de la moitié se dirige vers l'Amérique du Nord et les autres vers l'Europe. D'après le lettre de la Direction des Populations et des Migrations (DPM)[1] d'avril 2006, « la plupart des anciens pays d'immigration (Canada, Australie, États-Unis, Grande-Bretagne) ont mis en place des systèmes de sélection de l'immigration fondés sur le niveau de compétence des migrants, le plus avancé étant certainement le système canadien fondé sur une évaluation de chaque migrant grâce à un barème exprimé en termes de points. Les anciens pays d'émigration devenus à leur tour pays d'accueil, que sont l'Italie et l'Espagne, recourent quant à eux, à des systèmes plus rustiques de quotas dont l'efficacité a été jusqu'ici mitigée. Tous les pays d'immigration sont actuellement traversés par des débats sur une meilleure maîtrise des flux migratoires et sur les politiques d'intégration à mettre en œuvre. En effet, au-delà de l'indispensable humanité, dont les principes doivent guider l'accueil des migrants, se pose la question du partage des valeurs essentielles qui fondent une communauté nationale et assurent l'exercice de la citoyenneté. » Les politiques d'immigration sont souvent hésitantes, comme nous l'avons vu pour la France, s'articulant tantôt vers la gestion des flux migratoires et tantôt vers l'accueil et l'intégration des nouveaux arrivants. Tous les pays d'accueil semblent d'accord pour mettre en avant la formation linguistique et la sensibilisation à la culture du pays d'accueil pour les enfants comme pour les adultes. Par un tour d'horizon des différentes terres d'accueil, nous nous attacherons à décrire l'organisation de la formation des migrants en termes d'objectifs pédagogiques, du caractère obligatoire ou non de la formation, de contenu et de modalités de réalisation et de financement.

---

1. Lettre n° 62, avril 2006.

3.1. En Amérique du Nord

Le Canada

Si le Québec a établi une grille de critères sévères pour la sélection des immigrants dans leur pays d'origine (sélection réalisée par le consulat canadien à l'étranger), qui mettent l'accent sur l'âge, l'employabilité et la compétence linguistique, c'est bien là-bas que le contrat est le plus ouvert, la proposition la plus large. Tout de suite, on recense les besoins immédiats du primo-arrivant au cours d'un entretien de 45 minutes et on l'oriente vers des « carrefours de l'immigration ». 90 % des immigrants y passent par la suite, bien que ces formations soient non-obligatoires. Pourquoi un tel succès ? Parce que ces formations sont gratuites et que le programme proposé est assez complet : il comporte l'apprentissage du français, l'information sur le marché du travail, les diplômes, la couverture médicale, etc.

Les États-Unis

D'après Inès Michalowski, « après avoir fonctionné sur un modèle normatif sans contrainte aux XVIIIe et XIXe siècles, et après l'adoption d'un pluralisme culturel aujourd'hui, les questions d'intégration apparaissent actuellement à travers le débat colonial ou post-colonial aux États-Unis. [...] L'exemple américain permet de saisir le problème de l'assimilation dans une perspective intergénérationnelle plus vaste : si les premières générations se sont regroupées dans des ghettos, la tendance générale, dès que s'opère un mouvement d'ascension sociale est de déménager vers des quartiers de classes moyennes. »[1] Certains pays contrôlent les migrants et sanctionnent l'échec ou l'absence en formation. L'idée du Contrat d'Accueil et d'Intégration proposée aux primo-arrivants est nouvelle en France et n'existe pas dans tous les pays. Par exemple, aux États-Unis, on a pu s'apercevoir que cela pose un problème, justement lorsque l'on découvre le nombre de personnes hispanophones qui ne maîtrisent pas l'anglo-américain et forment des communautés hispaniques fermées, particulièrement dans le Sud. On perçoit dès lors le lien entre la langue et l'intégration. Depuis les attentats du 11 septembre, les préoccupations en matière de sécurité sont devenues un élément clé. Les procédures d'entrée et de sortie ont été raffermies. Lors de notre enquête, il nous a été difficile de rassembler des informations sur l'accueil et la formation des migrants aux États-Unis.

---

1. Compte rendu de l'aterlier du 25 mars 2006 au Procope. Emmanuelle Le Texier et Inès Michalowski : « Les politiques d'intégration en Europe : le "contrat d'intégration" en question ».

3.2. Formation linguistique en Europe

L'Espagne

En Espagne, le gouvernement a mis en place un contrat en lien avec l'emploi et l'obtention d'un permis de séjour, mais sans aucun lien avec l'accès à la citoyenneté. Les formations sont gratuites et il n'y a pas de limites de temps dans l'apprentissage. Il existe 1 215 écoles d'État pour adultes : ces écoles ont conclu des accords avec les « autonomies » locales. Des crédits sont versés aux communautés par l'État. Les centres pour migrants mettant en place les enseignements sont répartis sur l'ensemble du territoire, et travaillent avec les ministères de l'Éducation régionaux. Ces derniers font un bilan qui amène à l'établissement de nouveaux programmes : il y a beaucoup d'interaction entre les centres.

Les associations jouent aussi un rôle : elles bénéficient de subventions par communautés autonomes dans les villages où il n'y a pas de centre (formation gratuite et indemnisation des enseignants). Les enseignants peuvent suivre une formation à l'étranger et utiliser le matériel des centres. La formation linguistique des migrants est gérée par les communautés autonomes, qui tentent de promouvoir la langue castillane. Néanmoins, la maîtrise de la langue n'est pas exigée dans le cas d'une demande de naturalisation.

L'Italie

Comme en Espagne, si les conditions d'entrée et de séjour des étrangers en Italie sont définies au niveau national, la formation des migrants est laissée aux régions et aux communautés locales.

Il existe un texte sur l'immigration qui évoque l'accueil et la formation des migrants : il est question de promouvoir « l'accueil des adultes étrangers qui séjournent à titre régulier par le biais de cours d'alphabétisation dans les écoles élémentaires et dans les collèges » ainsi que la « réalisation de cours de langue italienne ». La formation linguistique des migrants est assurée avec le soutien financier des régions de forte immigration.

Le Royaume-Uni

Au Royaume-Uni, il faut maîtriser l'anglais pour pouvoir obtenir la naturalisation. En dehors de ce cas, il n'y a pas de loi ni de programme défini qui mette en avant l'intégration linguistique des migrants. Néanmoins, le NIACE (*National Institute of Adult Continuing Education*) joue un rôle très important dans la promotion, la mise en place de formations et la création de matériel pédagogique destinés aux adultes. Il faut souligner également le fait que l'administration prend en charge les frais de cours d'anglais des migrants qui souhaitent suivre une formation auprès d'organismes agréés à condition d'être en possession d'un titre de séjour depuis plus de trois ans.

L'Allemagne

En janvier 2005, une loi sur le séjour et l'intégration des étrangers a été votée : elle donne aux migrants le droit de bénéficier d'un cycle d'intégration civique, essentiellement composé d'une formation à la langue allemande. La structure, le contenu, la durée et les modalités d'exécution de ce cycle ont été définis par un règlement du 13 décembre 2004. Ces formations sont ouvertes en priorité aux nouveaux arrivants qui doivent faire valoir leur droit dans les deux années suivant l'obtention du titre de séjour. La formation est obligatoire pour tous ceux qui ne sont pas capables de communiquer en langue allemande. C'est l'Office fédéral pour les migrations et les réfugiés qui gère la partie intégration civique. Les cours sont dispensés par des prestataires publics ou privés agréés par l'office.

Les connaissances linguistiques à atteindre relèvent du niveau B1 du CECR. L'objectif premier est de pouvoir se débrouiller sans intermédiaire dans toutes les situations de la vie quotidienne. Les formations proposées comptent 600 heures de langue et 30 heures de civilisation (cours d'intégration : basique (300 heures), perfectionnement (300 heures) + 30 heures de civilisation). Si le niveau B1 est atteint, les migrants ont la possibilité d'être naturalisés un an avant les autres migrants.

Les formations sont financées par l'État. Si les migrants bénéficient des aides sociales, ils sont contraints de suivre les cours de langue. En cas d'abandon ou d'échec, il y a des sanctions telles qu'un refus de prolongation du permis de séjour ou une réduction des allocations de 10 %... Ces formations coûtent 200 millions d'euros. Si la personne migrante a les moyens, une cotisation de un euro par heure lui sera demandée. Les formations sont validées par un test, gratuit au premier passage, mais payant en cas de nouvelle tentative.

Il faut faciliter la communication : l'aspect éducatif dans le cercle familial doit être pris en compte, et le rapport à la langue maternelle est très important. Pour cela les centres de formations et les universités populaires proposent une méthodologie adaptée aux adultes, fondée sur des notions de partenariat, de responsabilité de l'apprentissage, avec notamment l'utilisation du portfolio européen des langues afin de se rendre compte des progrès des participants. L'apprentissage est individualisé et vise l'autonomie des participants.

L'Autriche

Le programme est basé sur la volonté de réussite et la participation financière de l'immigrant. Depuis juillet 2002, les immigrants vivant en Autriche depuis moins de 5 ans doivent signer une convention d'intégration basée sur l'apprentissage de la langue et la familiarisation avec les usages du pays, c'est-à-dire 200 heures de formation obligatoire. Ce contrat est rétroactif : toutes les personnes en situation durable depuis 1998 sont concernées, sauf les ressortissants de l'Union européenne. Environ 15 % (soit 9 000 personnes) des migrants sont amenés à signer le contrat, ce qui veut dire que 85 % des migrants ont des connaissances suffisantes en allemand. C'est le Fonds pour l'intégration des réfugiés et des migrants qui gère le dispositif. Les cours sont donnés par des prestataires publics ou privés agréés.

L'immigrant doit financer la moitié de sa formation, l'autre moitié étant prise en charge par l'État. Pour stimuler l'assiduité et s'assurer d'une intégration réussie, les mesures sont strictes : l'État peut supprimer sa participation en cas d'absentéisme et, en cas d'échec, l'immigrant doit renouveler les 200 heures de formation, et ce, entièrement à ses frais. Après deux échecs, il est contraint de quitter l'Autriche, en théorie du moins. En pratique, les choses sont un peu plus souples et la prise en charge se fait en fonction de la rapidité d'apprentissage, mais si au bout de quatre ans le niveau souhaité n'est pas atteint, les personnes encourent des sanctions administratives progressives.

Les connaissances à acquérir correspondent au niveau A1 du Cadre européen des langues. Le programme se compose de cours d'intégration d'allemand, de civilisation et de valeurs politiques. Il n'y a pas d'examen final, on pratique le contrôle permanent. Cependant, l'objectif final est l'acquisition de la langue allemande afin de participer à la vie socio-économique et culturelle autrichienne. Une nouvelle loi en août 2005 inclut l'apprentissage de la lecture et de l'écriture.

Les formations sont obligatoires pour les nouveaux arrivants ne maîtrisant pas suffisamment la langue allemande. Elles sont découpées en 100 unités de 45 minutes au maximum au travers desquelles les migrants doivent apprendre à lire des textes simples, communiquer au quotidien et s'initier à la culture autrichienne et aux valeurs démocratiques européennes.

Au Tyrol, qui est un exemple d'administration décentralisée, les programmes d'intégration sont à la charge du migrant. Cependant, il y a des aides de l'État, des subventions des communes, des financements venant des entreprises...

La Belgique

Depuis février 2003, un décret met l'accent sur l'intégration civique dont les objectifs sont la familiarisation des migrants avec leur environnement social et la reconnaissance des migrants par la société d'accueil en tant que citoyens. Tous les étrangers candidats à un séjour durable peuvent bénéficier de la formation linguistique prévue par l'intégration civique. La formation linguistique de 120 à 180 heures est obligatoire. Les étrangers doivent se présenter à un bureau d'accueil (il y en a un par province) dans les trois mois suivant leur arrivée en Flandre afin de passer des tests de niveau en néerlandais. Ils sont ensuite envoyés vers des lieux d'enseignement subventionnés par les communautés flamandes. En cas de non présentation ou de non respect des délais, les migrants encourent des sanctions financières et administratives. Il n'y a pas d'examen final, les migrants sont suivis régulièrement par des membres des « maisons du néerlandais » rattachées aux bureaux d'accueil.

D'après Inès Michalowski, la Belgique a mis en œuvre une politique très libérale selon trois modèles : francophone, flamand et bruxellois. « Le modèle flamand s'inspire largement de l'expérience hollandaise qui s'appuie sur une population multilinguistique et préconise le développement de *l'affirmative action*, de zones d'éducation prioritaires et d'intégrations multiculturelles. La Flandre propose, dans cette même lignée, un programme assimilationniste composé de cours de langues, de cours d'histoire de la Flandre et d'informations sur le marché de l'emploi. La Wallonie s'oriente à l'inverse, vers un modèle républicain à la française qui préfère évoquer les "classes sociales défavorisées" plutôt que les minorités et contourner les questions d'ethnicité. Face au constat, en 1990, du double échec à l'école et sur le marché de l'emploi, des jeunes d'origine marocaine, elle amorce une politique plus multiculturaliste, prenant congé de ses premiers principes. »[1]

Le Danemark

La loi du 28 mai 2003 impose aux communes de proposer aux adultes étrangers en situation régulière une formation linguistique. Le Danemark souhaite limiter l'immigration et améliorer l'intégration des migrants. La formation linguistique gratuite a pour objectif de permettre aux migrants de maîtriser suffisamment la langue pour participer au fonctionnement de la société danoise et trouver un emploi rapidement. La formation est obligatoire pour les nouveaux arrivants et doit commencer dans le mois suivant leur installation. Des sanctions financières sont appliquées en cas d'absence.

---

1. « Les politiques d'intégration en Europe », *op. cit.*

Les cours, dispensés par des prestataires agréés par les communes, sont adaptés au niveau des migrants dans leur pays d'origine et peuvent durer plus de 2 000 heures. Ils sont découpés en trois cursus, eux-mêmes divisés en modules. La formation est validée par un examen qui donne droit à un titre de séjour illimité et des facilités financières et administratives en cas de demande de naturalisation ou de regroupement familial.

Les Pays-Bas

La loi de 1998 oblige les communes à mettre en place des programmes d'accueil personnalisés qui se déroulent ainsi :
– enquête d'intégration (étalée sur plusieurs semaines) pour :
- recenser les besoins et aspirations du primo-arrivant
- définir un programme individualisé
– déroulement du programme : 600 heures de cours de langue obligatoires (6 mois environ), avec des modules d'orientation sociale et de formation professionnelle ;
– suivi professionnel et social : le programme « dual » encourage la formation linguistique et professionnelle en même temps.

Ce programme est obligatoire et tout immigrant est contraint de signer un contrat avec l'organisme de formation. Son avantage ? Il est entièrement à la charge de l'État (soit 6 000 € par personne), ce qui lui confère le droit de donner des sanctions en cas d'absentéisme, voire de refus de ce programme par les primo-arrivants.

Ce sont les communes qui organisent le dispositif de formation. Les cours sont donnés par les centres régionaux de formation, toutefois, le Parlement prévoit de lancer un appel d'offres dans les prochaines années. Les communes reçoivent des dotations de l'État.

3.3. Bilan

Au-delà des frontières françaises, des contrats basés sur l'apprentissage de la langue et de la culture du pays d'accueil se mettent en place dans les grands pays foyers d'immigration. Chaque pays a rénové sa politique d'immigration à peu près durant la même période, cependant les exigences de niveau à atteindre, les critères d'accueil des migrants, la prise en charge des formations, la réalisation des prestations varient beaucoup. Dans tous ces pays, à l'exception de l'Espagne, l'Italie et le Royaume-Uni, il existe des lois qui font de la langue du pays d'accueil un élément incontournable du parcours d'insertion. Des dispositifs de formation sont mis en place au niveau national. En Espagne et en Italie, la formation est assurée au niveau local (communautés autonomes et régions).

Réglementations et niveau de langue requis en 2008

21 pays concernés	Regroupement familial	Résidence permanente	Citoyenneté	Cours officiels
Allemagne	A1	B1	B1	Cours optionnels
Autriche		A2	X	Cours optionnels
Danemark	Prévu	B1/B2	B2	Cours obligatoires
Belgique				Cours obligatoires
France	X	A1.1	Entretien	Cours obligatoires
Luxembourg		A1.1 ?	?	
Pays-Bas	A1	A2	A2	
Royaume-Uni	A1	B1 ?	Passage au niveau supérieur	Cours optionnels
Norvège				Cours obligatoires
Grèce		A2	A1	
Italie			B2	Travail : A2 minimum + Cours optionnels
République slovaque				Cours optionnels pour réfugiés
République tchèque		A1 à partir de 2010	Entretien A2 à partir de 2009	Cours optionnels
Suisse		Selon les cantons	Selon les cantons	
Estonie		A1-A2		
Lettonie				
Croatie		Discussion en cours		
Pologne				Cours optionnels pour conjoints de personnes d'origine polonaise
Arménie				Cours optionnels
Géorgie				Cours optionnels
Turquie				

Cours et tests : coût de la formation pour le migrant

France	Cours et tests gratuits
Pays-Bas	Cours et test à la charge du migrant
Belgique	Cours gratuits
Autriche	Cours et tests payants, remboursement partiel si réussite
Allemagne	Financement partiel du migrant
Danemark	Cours et test gratuits si obligatoires
Royaume-Uni	Cours gratuits ou jusqu'à 800 euros
Norvège	Cours gratuits

Connaissance de la langue et cours de langue officiels

Pays	Niveau requis et test	Volumes horaires
France	A.1.1 et test obligatoire	Jusqu'à 400 h
Pays-Bas	A1 et A2 et test obligatoire	Offre de cours privés
Belgique	A1 obligatoire, A2 optionnel et pas de test	120 à 180 h
Autriche	A2, test optionnel	300h + 75 h
Allemagne	B1, test optionnel	Jusqu'à 945 h
Danemark	B1/B2 et test obligatoire	Jusqu'à 2 000 h
Royaume-Uni	test obligatoire et passage au niveau supérieur	Cours optionnels selon les besoins
Norvège	test optionnel	De 300 à 3 000 h

Claire Extramiana et Piet Van Avermaet :
Politiques linguistiques pour les migrants adultes dans les États membres du Conseil de l'Europe : conclusions d'enquête de juin 2008.

Avec la mise en place d'un référentiel commun – le CECR – et de politiques d'accueil basées sur un contrat, les grands foyers d'immigration semblent avancer dans la même direction en matière d'immigration. Il s'agit peut-être de constituer un bloc plus solide pour trouver ensemble des propositions aux problématiques soulevées par l'immigration et défendre les valeurs européennes en contrôlant ses frontières. Si le niveau de compétences à acquérir pour entrer et séjourner sur le territoire varie radicalement d'un pays à l'autre, on tend à moyen terme, selon plusieurs agences chargées de l'accueil des migrants, vers un modèle européen unique. Cela est en partie dû à une nouvelle donne : les migrants ne restent pas forcément dans le même pays d'accueil toute leur vie, ils sont de plus en plus nombreux à vivre successivement dans différents pays d'Europe. « L'intégration n'implique pas forcément une installation définitive. Elle suppose, en revanche, un ensemble de droits et d'obligations des migrants et des sociétés d'accueil, et pose la question de l'accès aux services et au marché du travail. À cela vient s'ajouter le respect d'un ensemble fondamental de valeurs au travers duquel migrants et société d'accueil doivent se sentir unis. Dans les pays qui comptent un grand nombre d'immigrés en situation irrégulière, la cohésion et la stabilité sociales suscitent des préoccupations qui ne sauraient être négligées et auxquelles il est nécessaire de répondre », a ajouté M. McKinley[1].

---

1. http://www.iom.int/en/know/idm/mhs_200605_en.shtml

Face à l'apprentissage

« L'arme la plus importante est de maîtriser la langue du pays d'accueil pour se défendre car on est dans un monde relativement violent où la différence fait peur et quand on maîtrise mal une langue on ne peut pas se faire comprendre[1] ».

L'apprentissage dans sa mise en œuvre ne va nullement de soi. Un certain nombre de difficultés ou d'obstacles qu'il importe de savoir identifier peuvent surgir.

Les résistances et les obstacles constituent de véritables « freins à l'apprentissage ». Il est important de les cerner pour en expliciter les tenants et les aboutissants en contexte d'apprentissage d'une langue. Qu'ils soient politiques, culturels, matériels ou encore psychologiques, ces freins ont des portées plus ou moins importantes en fonction des individus et des situations d'apprentissage. Nous étudierons les obstacles ainsi que les résistances à l'apprentissage de la langue pour les migrants, avant et pendant la formation. Enfin, nous réfléchirons à des solutions qui permettent de contourner ou de surmonter ces barrières.

---

[1]. Fatima, 8 mars 2006, inauguration de l'exposition photographique « le Pari de l'enracinement », Paris.

1. Approche politique et économique

Freins politiques et historiques[1]

Il y a plusieurs histoires de l'immigration possibles : l'histoire des politiques publiques et l'histoire des hommes qui l'ont vécue. La première « permet de situer les vagues successives d'immigration, les alternances de flux et de stabilisation, de prendre la mesure des rythmes dans lesquels la conjoncture économique et les guerres dictent leur loi souvent violente »[2]. La seconde rappelle que « chaque migrant a aussi son histoire, qui s'inscrit dans les trajectoires individuelles et familiales autant que dans la communauté ». C'est en juxtaposant les deux que l'on constate de grandes disparités et que l'on peut mettre à jour les nombreux obstacles qui jalonnent le parcours des migrants...

La France, pays qui s'est bâti une identité nationale au travers d'un fort volontarisme intégrateur, contribue pourtant à élever certaines barrières... Les populations migrantes issues, depuis 40 ans, des anciennes colonies françaises, n'ont pas encore atteint un degré d'intégration comparable à celui des plus anciennes vagues d'immigration venues d'Europe. « Les difficultés particulières rencontrées par ces populations sont liées largement au fait que la politique migratoire a d'abord – pour la première génération – eu tendance à entretenir la fiction qu'il ne s'agissait que "d'hôtes de passage" qui repartiraient vers leur pays, puis avec la mise en place du regroupement familial, à entretenir une politique d'intégration "assimilationniste". Dans le même temps, la "fermeture des frontières" a figé paradoxalement la situation des personnes issues de l'immigration installées prévenant tout désir de retours ponctuels ou plus longs au pays.[3] » De ce fait, les représentations de l'étranger changent puisque les migrants sont passés du statut d'étrangers de passage, venus apporter leur contribution au pays d'accueil, à celui d'immigrés installés sur le territoire et directement en compétition avec les Français... Ces revirements politiques ont également marqué l'histoire du Fonds d'Action et de Soutien pour l'Intégration et la Lutte contre les Discriminations (FASILD). Institué sous le nom de FAS (Fonds d'Action Sanitaire et Sociale), il devient en 1958, l'« outil financier d'une politique générale visant à l'amélioration des conditions de vie des Algériens »[4] en France comme en Algérie, puis l'établissement public s'occupe de l'action sociale pour tous les travailleurs étrangers et cela

---

1. Voir le rapport 2003 du GELD (Groupe d'étude et de lutte contre les discriminations).
2. BLANC-CHALEARD M-C, *Histoire de l'immigration*, La Découverte & Syros, Coll. Repères, Paris, 2001.
3. *Ibid.*
4. JOSSET S., « Le FASILD : 1958-1998 : 40 ans d'histoire au service de l'intégration », Mémoire de DEA, 1998.

passe par le logement, la formation professionnelle, l'alphabétisation mais aussi par des programmes d'aide au retour pour les migrants. Aujourd'hui, à l'heure de la mise en place du CAI et de l'ouverture de l'Europe à de nouveaux pays, les enjeux sont différents et l'immigration prend un nouveau visage.

Ceci entraîne des différences de comportements et certaines inégalités plus ou moins marquées selon la date d'arrivée en France et selon le pays d'origine. Ainsi l'exclusion et l'inégalité dans l'accès au travail restent fortes en France : les immigrés ont payé un tribut plus lourd en chômage du fait que leur étaient confiés des emplois peu qualifiés lors des restructurations industrielles dans les années 1970. C'est une population vulnérable : dernière entrée, mais première sortie sur le marché du travail. De plus, malgré la lutte contre toutes les discriminations, en dépit du principe constitutionnel de non-discrimination pour motif de nationalité ou de « race » *(Déclaration universelle des droits de l'Homme et du citoyen)*, selon une étude commanditée par le *Groupe d'Études et de Lutte contre les Discriminations* (GELD), au moins 7 millions d'emplois leur sont inaccessibles.

Inclinaisons politico-idéologiques

« En France, les approches de l'immigration privilégient soit la souveraineté nationale, soit la compassion au malheur du migrant. Le rapport de l'État à l'étranger se joue dans la tension entre droit de visite et droit de résidence »[1]. Certains partis utilisent les représentations du migrant pour servir leur cause : pauvres malheureux à aider, dangereux envahisseurs, avenir de la France... Les différentes positions sur la politique d'intégration induisent certaines inclinaisons idéologiques qui peuvent se répercuter sur la manière de percevoir les migrants. Prenons pour exemple le refus d'une formation linguistique proposée gratuitement dans le cadre du Contrat d'accueil et d'intégration (CAI) qui serait interprété comme un refus de s'intégrer. Malgré la politique dite « positive » du gouvernement en matière d'intégration, « les migrants refusent de faire des efforts », cette conclusion hâtive pourrait être avancée... De la même façon, le fait pour les migrants de conserver des habitudes vestimentaires ou alimentaires creuse pour certains le fossé entre les communautés. Un groupe de travail du Haut Conseil à l'Intégration (HCI) insiste d'ailleurs sur l'importance de distinguer « intégration éthique » et « intégration politique » : « On ne peut exiger de l'immigré une intégration éthique, c'est-à-dire de nier ses origines. On doit

---

1. LAACHER Smaïn, « L'hospitalité entre raison d'État et principe universel », VEI Enjeux, « Accueillir les migrants », n° 125, juin 2001.

seulement exiger une intégration politique. Cela signifie que tout citoyen français, quelle que soit son origine, doit adopter les mêmes principes politiques définis par la Constitution [...]. Mais trop souvent en France, on a considéré qu'un étranger est totalement intégré quand il partage les mêmes coutumes vestimentaires, culinaires ou autres que la majorité des français. »[1] Dans un tel flot de considérations stigmatisantes, certains migrants partent vaincus d'avance dans cette « course à l'intégration ».

Poids des contraintes administratives

Pour obtenir des informations et accéder à de nombreuses institutions, le poids de l'organisation administrative en France peut rebuter de nombreux migrants. Le fait de devoir sans cesse remplir des formulaires de demande de renseignements ou d'inscription « handicape » les migrants qui sont toujours dans l'obligation de solliciter l'aide d'un tiers. Certains migrants se plaignent aussi « du système et de la lenteur des prises en charge », ce qui augmente l'inquiétude car, être dans l'attente d'une carte de séjour, par exemple, signifie « pas d'inscription à l'ANPE, aux ASSEDIC[2] et donc de gros problèmes économiques[3] ».

Le manque de clarté dans la législation et les lenteurs administratives augmentent le stress des migrants en les maintenant parfois dans la précarité et en ajoutant des préoccupations supplémentaires à une situation déjà difficile.

Dans d'autres pays, les délais d'entrée en formation très rapides, le poids des examens de fin de formation et les sanctions encourues peuvent devenir un facteur stress très important.

Problèmes terminologiques

« Étranger », « immigré », « réfugié » : le poids des mots peut s'avérer stigmatisant : « l'émigré devient immigré au cours de son périple, il est qualifié de travailleur étranger, d'immigrant. S'il se trouve forcé de vivre en dehors de son pays, il est exilé ou réfugié [...] La notion de migrant paraît la plus appropriée [...] et permet de recentrer le sujet sur lui-même, en l'articulant ainsi sur le temps et la durée, et plus simplement

---

1. BRAY C., « Le contrat et l'intégration », Rapport de 2003 du Haut Conseil à l'intégration, p. 111.
2. L'Agence Nationale pour l'Emploi (ANPE) est un établissement public chargé de maîtriser le marché de l'emploi. L'Association pour l'emploi dans l'industrie et le commerce (ASSEDIC) est chargée d'assurer aux chômeurs une indemnisation.
3. BRAY C., *op. cit.*

sur l'espace géographique »[1]. Le choix des mots renvoie à nouveau au problème de l'identité. Carte de séjour, carte de résident, naturalisation... : à chaque étape correspondent de nouveaux droits et un statut différent qu'il faut s'approprier dans cette période de transition. « Le migrant serait le sujet des "entre-deux" multiples et infinis, deux pays, deux cultures, deux langues... entre émigré et immigré, immigré et naturalisé. Le migrant deviendrait l'expression d'un processus dynamique »[2]. Cette impression de flou sémantique peut se répercuter sur l'identité[3] du migrant qui a du mal à trouver sa place dans la société et n'est pas toujours en mesure de considérer l'apport d'une formation en langue française.

Freins liés à l'accueil

La qualité de l'accueil des étrangers qui arrivent dans un cadre légal est une condition décisive pour la suite du processus d'intégration et, tout particulièrement, en ce qui concerne les contrats ou conventions d'intégration. L'enjeu est de faciliter l'insertion des migrants à un moment où ils sont nécessairement fragilisés et où ils ont besoin d'être accompagnés pour connaître les règles de la vie en France, d'apprentissage de la langue ou d'accès aux droits sociaux, à l'emploi et au logement. L'accueil, dans les pays où l'intégration est mise en avant, se compose souvent de la façon suivante : la présentation du pays d'accueil et du contrat, la prescription linguistique, la rencontre avec une assistante sociale ou un conseiller à l'emploi, la visite médicale et la signature du Contrat d'accueil et d'intégration. Dans certains cas, l'interprétariat étant insuffisant, voire inexistant, les migrants sont parfois perdus. De plus, dans un pays comme la France, le résultat de la visite médicale conditionnant le séjour sur le territoire, la plupart des migrants sont inquiets et pas toujours réceptifs à l'offre de formation linguistique proposée. Il est très important de faire passer des informations claires pour aider les migrants et les rassurer.

Vie en communauté

Les migrants choisissent des pays proches géographiquement et souvent des pays où ils savent qu'ils pourront être accueillis par des membres de la famille ou des amis. Ils veulent lutter contre la solitude mais s'isolent des relations avec les autochtones. Il n'est pas rare de

---

1. BRENU Alain, « Les résistances à l'acquisition d'une langue étrangère chez l'intellectuel migrant », Thèse de doctorat à l'Université de Paris 8 (non éditée), juillet 1999.
2. *Ibid.*
3. Voir « Freins liés à l'identité », p. 64.

rencontrer des migrants qui, pourtant installés depuis une dizaine d'années dans le pays d'accueil, ne s'expriment qu'en langue maternelle et se débrouillent à peine avec la langue d'adoption, c'est ce qu'on appelle le repli communautaire.

Problèmes sociaux

De nombreux migrants vivent en situation précaire. Le chômage, les besoins d'argent sont des facteurs générateurs d'inquiétude et de mal-être qui peuvent avoir des répercussions sur les conditions d'apprentissage. Le logement est un autre facteur pouvant se révéler un handicap sérieux si celui-ci ne permet pas à l'apprenant de travailler « à la maison » dans de bonnes conditions.

Les femmes connaissent également le problème de la garde des enfants en bas âge. Il n'y a pas toujours d'articulation entre les services sociaux et les dispositifs de formation ni de moyens mis à disposition pour permettre aux femmes d'obtenir une place en crèche ou à la halte-garderie pendant les heures de cours, ce qui restreint le volume global horaire de la formation. Une enquête[1] sur l'assiduité des signataires du CAI en France révèle que certaines femmes sont absentes lors des vacances scolaires et qu'elles doivent réguler leur présence en cours en fonction du rythme scolaire de leurs enfants.

Un autre problème se joue lors de l'orientation des migrants : au moment des bilans, les formations les mieux adaptées ne sont pas toujours près du domicile des apprenants. Il faut alors choisir entre une formation de proximité qui ne correspond pas forcément aux objectifs et une formation à distance impliquant des frais de transport quotidiens et non pris en charge. L'enquête citée précédemment souligne les difficultés rencontrées par une jeune Marocaine : « l'emploi du temps est compliqué : lundi et jeudi matin, mardi et vendredi toute la journée. Elle habite loin, à 1 h, prend 2 bus » ou encore par cette femme algérienne de cinquante ans « transports chers, elle vient à pied, du coup, c'est difficile quand il pleut ».

Manque de formations des formateurs et manque de reconnaissance envers les professionnels

Il n'est pas rare, en France, de voir des formateurs utiliser des manuels initialement conçus pour des enfants. Ce manque de formation des formateurs se répercute sur des choix pédagogiques et des outils inadaptés et parfois infantilisants. L'autonomie doit pourtant être au centre de l'apprentissage. L'attitude des formateurs est également

---

1. « Compte rendu des entretiens avec des signataires CAI », Organisme ARP, décembre 2003.

primordiale. Certains ont tendance à assimiler la non-maîtrise de la langue à un handicap et adaptent leur attitude à ce qu'ils croient être la solution pédagogique à appliquer : parler plus fort, choisir des mots simples, faire « à la place de » plutôt que d'expliquer.

De même, certaines lacunes au niveau de la typologie des publics sont souvent à l'origine d'erreurs au moment de la constitution de groupes d'apprenants et de la définition d'objectifs à atteindre. Malgré l'utilisation d'un référentiel commun, des interprétations parfois fantaisistes ont été constatées entraînant des confusions entre alphabétisation, illettrisme, Français Langue Étrangère (FLE), Français Langue Seconde (FLS)... Derrière ce classement par publics, il y a tout simplement des besoins en formation qui peuvent relever de l'alphabétisation, du FLE...

Dans le cas où les formateurs sont rémunérés (de 8 à 30 euros de l'heure) au sein des associations en France, la majorité des employeurs exigent un niveau de qualification équivalant au minimum à une licence, de préférence comportant une mention FLE, mais une grande diversité des parcours de formation a été constatée (allant du CAP à un niveau Bac + 5 ou 7). En pratique, la formation initiale des formateurs correspond parfois peu à la tâche qui leur est confiée. Avec des compétences en FLE, alphabétisation, (re)mise à niveau ou bien encore la connaissance des prestations ANPE, les formateurs doivent être des professionnels polyvalents de la formation continue.

Les salaires versés en contrepartie de leurs fonctions paraissent bien peu élevés. De plus, il est extrêmement difficile de trouver un emploi en contrat à durée indéterminée. Ces deux derniers facteurs expliquent qu'on assiste bien souvent à un « turn over » de l'équipe pédagogique, ce qui rend difficile le suivi du public et renforce ce sentiment d'insécurité des migrants et de perte de vue des objectifs. Chaque changement de formateur s'accompagne d'abandons d'apprenants qui n'ont ni l'envie de s'adapter à un nouvel enseignant ni celle de faire confiance à nouveau. Le rapport aux stagiaires est capital dans l'apprentissage de la langue, la personnalité même du formateur joue sur l'envie d'apprendre et de rester en formation[1].

Malgré les relances incessantes des collectifs d'enseignants FLE ou FLS et les nombreuses universités françaises qui proposent des filières FLE, il n'existe pas en France de CAPES FLE, pour entrer dans l'Éducation nationale. Même si les besoins sont bien là, le FLE est considéré comme un complément de formation et il faut suivre un double cursus pour tenter le CAPES ou l'agrégation ouvrant les portes de l'Éducation nationale... Ce manque de reconnaissance va plus loin avec une affaire

---

1. Études et Recherches, « Illettrisme : représentations et formation... », p. 99.

qui a fait couler beaucoup d'encre en 2007 et a fait réagir le collectif « FLE attaque ». Ci-dessous, la lettre écrite n° 02889 de Mme Monique Cerisier-BenGuiga publiée dans le JO Sénat du 20/12/2007 – page 2312 :
« Le représentant des Français établi hors de France attire l'attention de M. le ministre de l'immigration, de l'intégration, de l'identité nationale et du codéveloppement sur les enseignants de français langue étrangère et français langue seconde (FLE-FLS). Le domaine du "français langue seconde" correspond aux publics migrants – jeunes en âge de scolarisation, adultes – qui viennent s'installer durablement dans notre pays. Les deux domaines de compétence des diplômés de FLE-FLS constituent une référence obligée de toute politique nationale et internationale pour la diffusion de notre langue mais aussi pour l'insertion réussie des étrangers en France. Ils doivent avoir toute leur place dans le dispositif du contrat d'accueil et d'intégration (CAI) des nouveaux migrants. La reconnaissance statutaire de tous les personnels qui travaillent en FLE-FLS ainsi que la reconnaissance universitaire de leur discipline d'appartenance (la "didactique des langues-cultures") et des diplômes qu'elle délivre dans le domaine de la formation des formateurs s'imposent désormais.

Pourtant, cette double reconnaissance est loin d'être acquise. Ainsi, la préfecture de Lyon a lancé une mission à titre expérimental en vue d'assurer la formation linguistique du niveau DILF (diplôme initial de langue française) à des populations immigrées. Cette mission a été confiée à des fonctionnaires actifs ou retraités qui, formés en seulement 38 heures, devront assurer des tâches d'enseignement. Sur le marché du travail, celles-ci nécessitent normalement non seulement une formation universitaire professionnalisante de type mastère mais aussi une solide expérience pratique de l'enseignement du français à des publics adultes qui sont souvent non scripteurs et non lecteurs dans leur langue maternelle. Enseigner le français à des adultes non francophones, tout comme l'enseignement en général, n'est pas un travail de non spécialistes et ne s'improvise pas. L'ensemble de la profession est tout particulièrement concerné par la mise en concurrence avec des groupes de volontaires préfectoraux, "indemnisés" plus avantageusement que la rémunération plancher fixée par la convention collective des formateurs.

Cela est d'autant plus regrettable que les professionnels du FLE et du FLS, diplômés et qualifiés au sein de nos universités ne manquent pas. Nombre d'entre eux sont au chômage ou en emploi partiel. C'est toute une profession qui est menacée. Mais c'est aussi toute une population, le public migrant, qui est engagée dans un processus d'échec. Les mesures de formation proposées ne sont pas adaptées et elles risquent de s'avérer inefficaces et en fin de compte non rentables. Elle lui demande que s'engage rapidement une négociation entre les ministères concernés sur la question de la reconnaissance statutaire et institutionnelle des enseignants-formateurs en FLE-FLS et leur emploi préférentiel pour l'enseignement dans le cadre du CAI. »

Conditions d'enseignement en France

Les espaces de formation associatifs sont parfois des locaux loués aux municipalités et peuvent donc servir à d'autres organismes pour des activités diverses. La salle de cours n'est donc pas toujours aménagée à cet effet et les formateurs doivent alors déplacer leurs documents et matériels.

Il n'y a pas de programme établi qui détermine le passage dans un groupe de niveau supérieur et, jusqu'en avril 2006, il n'y avait pas d'études sanctionnées par un diplôme, ce qui laissait une grande souplesse en matière de choix pédagogiques mais demandait surtout beaucoup d'inventivité et de préparation de la part des formateurs. Pourtant certains organismes de formation n'hésitent pas à exiger des formateurs 30 heures de cours hebdomadaires, laissant alors 5 heures pour préparer les cours et s'occuper de la partie administrative de leur travail. Il est difficile de voir comment les formateurs peuvent dispenser des cours de qualité dans un tel contexte.

On peut aussi parfois regretter le manque de moyens matériels mis à disposition des formateurs. Les financeurs préconisent l'utilisation de moyens « audio-visuels ». Encore faut-il qu'il y ait une réelle volonté de la part des organismes de formation de travailler dans ce sens. Il est relativement rare de voir des associations de quartier si bien équipées.

Lacunes au niveau du matériel pédagogique

L'absence de programme de formation se ressent en matière de production de matériel pédagogique. La confusion entre les publics pousse parfois certains formateurs à faire des choix peu judicieux en matière de manuels. Les méthodes d'alphabétisation et de lutte contre l'illettrisme étant peu nombreuses, souvent vieillottes et pas toujours adaptées, il n'est pas rare de trouver des méthodes de lecture pour Cours Préparatoire (CP) dans les cours renvoyant à nouveau à l'infantilisation des stagiaires. Beaucoup de formateurs s'appuient sur les méthodes de FLE mais celles existantes sur le marché ne sont pas adaptées aux migrants qui ne se reconnaissent pas en elles. En effet, les sujets abordés sont bien éloignés des centres d'intérêt et des préoccupations des migrants, surtout au niveau débutant et intermédiaire.

Ils ne répondent pas aux besoins premiers des migrants : la découverte de l'environnement quotidien, les administrations, l'organisation du temps. Ces enseignements sont pourtant nécessaires aux apprenants dans leur vie quotidienne.

Les supports utilisés et les activités proposées dans les manuels ne conviennent pas toujours à l'apprentissage des migrants. Il en est de même pour les situations de communication, souvent trop éloignées de la réalité des apprenants pour que ceux-ci arrivent à s'identifier aux personnages. La progression proposée dans ces manuels est toutefois satisfaisante et les formateurs n'hésitent pas à la suivre.

Globalement, les formateurs « jonglent » avec les outils pédagogiques à leur disposition afin de concevoir des cours cohérents répondant aux attentes et besoins des apprenants, tant au point de vue linguistique qu'au point de vue social et culturel. Beaucoup de documents authentiques de la vie quotidienne sont utilisés et stockés dans une banque de données renouvelée régulièrement. Il existe un certain nombre d'outils pédagogiques qui ont été réalisés par les formateurs de certains centres de formation pour leurs propres besoins, afin de pallier les carences. Ces outils étant diffusés dans un circuit de distribution restreint, ils ne sont pas largement utilisés.

La loi du marché

Dans certaines associations, le passage aux marchés publics a été mal vécu. De ce fait, la mise en concurrence des organismes de formation connaît quelques écueils. En effet, les actions de formation sont « vendues » sur la base d'un taux horaire. Afin d'obtenir le marché, les organismes de formation peuvent donc être tentés de fixer une « heure stagiaire » très basse, ce qui ne manque pas de se répercuter sur le salaire des formateurs, sur l'augmentation du temps en face-à-face ou bien encore sur le mixage de stagiaires inscrits sur des dispositifs différents[1]. Les associations se retrouvent donc dans la situation des entreprises privées qui vivent selon la « loi du marché ». Or, contrairement à ces entreprises privées, les organismes de formation ont un statut d'association et n'ont pas vocation à faire de profits. Ils sont donc soumis aux mêmes contraintes que les sociétés privées tout en ne bénéficiant pas des mêmes droits qui sont la raison d'être de celles-ci. C'est cet argument qu'avancent bien souvent certains responsables d'organismes, mais il n'est pas partagé par tous les prestataires du CAI. Pour certains d'entre eux, le passage à la loi de marché a permis l'achat de

---

1. Pour rentabiliser une heure de cours, des publics CAI et des publics adolescents en insertion professionnelle (soit des groupes aux objectifs très différents) peuvent être mélangés de façon à ne mobiliser qu'un seul formateur...

nouveau matériel et l'embauche de formateurs pour renforcer leur équipe.

La complexité de l'organisation

L'offre de formation est parfois dense et complexe. En effet, la multiplicité des financeurs complique les rapports entre les partenaires et alourdit considérablement le travail des organismes de formation. Les procédures administratives ne sont pas harmonisées, chaque financeur a son propre mode de fonctionnement. Dans ce type d'organisation, il appartient aux centres de formation de gérer cette complexité et tous n'ont pas les mêmes compétences en matière de gestion. Certains problèmes organisationnels pèsent alors sur la qualité des formations et sur l'accueil des migrants dans les organismes. De plus, l'absence d'analyse des besoins de formation fait parfois que deux financeurs consacrent leur budget au même public, lésant certaines catégories de migrants qui ne peuvent entrer en formation linguistique.

La diminution des freins précédemment cités dépend essentiellement de la bonne volonté et des compétences des institutions et des organismes de formation. En revanche, d'autres difficultés naissent des résistances créées inconsciemment par certains migrants...

2. Approche psychologique et socioculturelle

Les résistances et la psychanalyse

La définition du mot « résistance » renvoie au fait de s'opposer à l'action d'un agent extérieur ainsi qu'à la capacité à conserver son intégrité. Un migrant en situation d'apprentissage peut se sentir menacé par la langue et la culture de l'autre et développer des mécanismes de défense. Selon Freud, « c'est la personnalité de l'apprenant qui se protège des représentations avec lesquelles il est en conflit. »[1] Chaque être étant différent, ces résistances peuvent se manifester sous différentes formes. Il n'y a ni règles ni schémas préétablis. En effet, Grinberg ajoute : « le contexte historique de chacun est si important que le "jeu linguistique" est en général unique dans son propre contexte et inintelligible pour ceux qui sont en dehors de ce cadre. »[2] La personnalité et le vécu de chaque migrant jouent sur son parcours d'apprentissage, il est donc très difficile de distinguer les germes de ces résistances car ils sont multiples et en perpétuelle mutation.

---

1. FREUD S., *Inhibition, symptôme et angoisse*, PUF, Paris, 1986, p. 88.
2. GRINBERG Léon et Rebeca, *Psychanalyse du migrant et de l'exilé*, Cérusa Luon Éditions, 1986.

Un sentiment de culpabilité, qui vient de la peur de ne pas être fidèle à sa langue maternelle, à la langue de ses parents, peut naître. Cette résistance inconsciente est une réaction normale face à une situation provoquant angoisse et perte d'indépendance.

Le besoin d'un temps d'adaptation

L'arrivée peut être vécue comme un choc ; c'est un voyage vers l'inconnu car le migrant va être confronté « à une nouvelle langue ou un nouveau système de communication, ou bien encore mis en présence du sentiment d'étrangeté et, pour certains, tout à la fois. Il peut alors se trouver sans repères, se sentir perdu dans les premiers temps de son arrivée. »[1] Ces sentiments d'insécurité sont déterminés par des incertitudes et des anxiétés face à l'inconnu. Le deuil de la migration est un processus très long. Les changements culturels demandent du temps : « la capacité de s'adapter ne relève pas seulement de la volonté de l'individu : trop d'éléments culturels sont l'objet d'un investissement affectif important, et la sensibilité ne se laisse pas modifier dans l'immédiat par un acte volontariste. L'adaptation [...] exige un travail laborieux sur soi. »[2]

Le cas particulier de l'exil

Le fait d'avoir dû quitter son pays augmente le sentiment de culpabilité du migrant et renforce ses mécanismes de défense face à l'inconnu. Cela se manifeste souvent par une idéalisation du passé et par un rejet du pays d'accueil, en effet la rancune pour le pays laissé est reportée sur le nouveau pays. La situation d'exilé intensifie les résistances face à l'apprentissage.

Freins liés à l'identité

L'affrontement culturel et le passage à un mode de socialisation différent mettent en danger l'identité du migrant. Le concept d'assimilation[3] ou « stratégie d'invisibilité sociale » accompagné d'un refus du retour, d'une pratique exclusive de la langue du pays d'accueil et d'un projet de naturalisation peuvent faire peur et provoquer des blocages. Les sujets apprenants sont prisonniers des comportements, émotions et sentiments imposés par leur rôle familial ou social, c'est l'identité du migrant qui joue sur l'acquisition et l'utilisation de la langue étrangère.

---

1. BRENU Alain, *op. cit.*
2. VERBUNT Gilles, « Les obstacles culturels aux apprentissages », CNDP Migrants, 1994, p. 35.
3. Assimilation : le contact culturel ne se fait que dans un sens, celui de la culture nationale qui ne peut être modifiée par la culture des migrants.

« La motivation résultant du processus affectif est donc déterminée d'une part par une force positive qui pousse l'individu à rechercher une nouvelle identité et d'autre part par une force négative protégeant l'identité première »[1]. Deux dérives de cette quête de l'identité renvoient au rejet de l'adaptation par peur d'oublier ou de renier ses racines et, à l'opposé, au rejet de ses origines. Même lorsque l'apprentissage de la langue se passe bien, de nombreux migrants conservent leur accent comme une marque identitaire « signature dans leur environnement social », ce qui souligne cette dualité entre les langues et cette nécessité de montrer aux autres sa véritable identité.

Le regard porté sur le migrant

Selon la durée du séjour, le regard est différent, un étranger de passage est en général bien accueilli mais, à partir du moment où l'installation est définitive, il entre en compétition avec les travailleurs locaux et les comportements peuvent devenir plus agressifs. Cette situation de mise à l'écart a un impact très fort sur l'« autominoration » qui va se manifester sur le plan linguistique. Souvent en situation d'entre-deux, le migrant se sent inférieur et perd peu à peu confiance. Il se rend compte qu'il perd l'usage de sa langue maternelle et qu'il maîtrise mal la langue cible. Il a de grandes difficultés à communiquer ; il ne peut pas réellement témoigner de ses intentions ou laisser émerger sa personnalité. C'est très difficile à vivre. Cette difficulté est exacerbée dans un pays comme la France où la langue est considérée comme une richesse inégalable qui dispense parfois de s'intéresser aux langues étrangères. La suprématie de la langue française a été exportée à travers le monde lors de la colonisation et la France peut s'enorgueillir de posséder des espaces d'enseignement de sa langue dans tous les pays du monde. Cet attachement à la langue française fait naître des exigences envers les locuteurs du français et plus particulièrement envers les migrants. Écorcher la langue française ou faire des fautes peut susciter des réactions dépréciatives, agressives, voire même le rejet. À cela s'ajoutent certaines réactions violentes, fruits du racisme et de la peur de la différence, qui viennent alourdir ce sentiment d'insécurité et renforcer parfois le repli communautaire.

Le regard porté par le migrant

Les considérations et représentations du pays d'accueil par rapport à son passé colonial sont très importantes dans le processus d'apprentissage d'intégration. Un migrant qui a gardé une certaine rancune à

---

1. HAMERS J.H. & BLANC M., *Bilingualité et bilinguisme*, Éd. Pierre Mardaga, Paris, 1983.

l'égard de la France depuis l'époque coloniale, par exemple, peut considérer qu'apprendre la langue française revient à se laisser « coloniser » à nouveau et peut refuser alors la formation linguistique.

Les stéréotypes et diverses images peuvent gêner les migrants : pour certains arabophones, le français est une langue « efféminée », douce, aux consonances romantiques, elle ne convient pas toujours aux hommes... De même, la séparation de l'Église et de l'État ainsi que les nombreuses libertés reconnues sur le sol français peuvent parfois effrayer certains migrants dont les valeurs et les croyances différent complètement : la France apparaît comme un lieu de tentations où il faut rester sur ses gardes. En effet, selon G. Verbunt, « l'étude de la culture d'une population différente comporte en permanence le danger d'enfermer les autres dans des représentations que nous avons formées sur elle »[1]. Les informations véhiculées sur la France et ses habitants dans le pays d'origine des migrants sont parfois loin des réalités quotidiennes et réduisent la population française à quelques caractéristiques négatives comme positives. Ainsi certains migrants sont prêts à hypothéquer tous leurs biens ou à se séparer de leurs familles pour venir vivre en France, cet autre Eldorado. Une fois sur place, ils déchantent et l'apprentissage de la langue française n'est vraiment pas une priorité...

Les représentations sociales qui ont cours au sein d'une communauté affectent aussi les images de la langue parlée par ses membres. Ainsi les motivations seront différentes selon la réponse aux questions suivantes : « Est-ce une langue qui donne accès à un travail ? Ses locuteurs ont-ils un niveau social ou un pouvoir économique plus attractif ? Quelle est la richesse culturelle ou la valeur esthétique de cette langue ? Quelles ont été les relations historiques avec le pays où elle est parlée ?... Ou même d'autres critères encore plus subjectifs : est-ce une langue facile ou difficile ? Quelles sont les relations personnelles du sujet avec cette langue ou avec le(s) pays où elle est parlée ? Est-ce la langue d'un pays "exotique" ? »[2]

Il convient de sensibiliser les migrants en formation ainsi que les formateurs au fait qu'ils interprètent le monde à la lueur de leur propre culture : « cette prise de conscience aidera à combattre l'émergence de représentations négatives et à favoriser l'intercompréhension. »[3]

---

1. VERBUNT Gilles, *op. cit.*
2. GARDIES Patricia, ALEN GARABATO Carmen, AUGER Nathalie, KOTUL Eva, *Les représentations interculturelles en didactique des langues-cultures*, L'Harmattan, 2003, p. 10.
3. GARDIES Patricia et alii., *op. cit.*, p. 110.

La peur du changement et la peur de s'élever

La notion de changement a une connotation très négative dans certaines cultures attachées à la tradition. Une inquiétude très fréquente vient de la peur de dépasser ses parents : les migrants qui arrivent dans le pays d'accueil avec leurs enfants se rendent vite compte des facilités d'apprentissage de leurs enfants. Il se creuse parfois un fossé entre les générations : les enfants sont partagés entre la crainte de dépasser leurs parents et l'envie de communiquer avec les petits locaux ; quant aux parents, ils se sentent parfois diminués et dépendants de leurs enfants, ce qui crée un sentiment amer... Cela renvoie au concept de « triple autorisation » décrit par J.-Y. Rochex : « Si Malika s'autorise à "être arabe sans être musulmane" ("l'un n'impliquant pas l'autre"), à parler français tout en acceptant que sa mère continue à lui parler arabe, s'il n'y a "pas de problème là-dessus", au point que cela fasse partie des habitudes, c'est – nous semble-t-il – d'une part, parce que sa mère l'y autorise également, et, d'autre part, parce qu'en retour Malika "autorise" sa mère à ne pas parler le français, à demeurer musulmane, sans que ces pratiques dont elle-même s'est émancipée soient pour autant frappées d'opprobre et de dévalorisation [...]. Nous sommes là en présence d'un puissant ressort de mobilisation scolaire des jeunes filles [...] : faire mieux que leurs mères, choisir de mener une autre vie, ce n'est pas pour autant porter un regard négatif sur celles-ci dont la vie a été plus contrainte par la division sociale et sexuelle du travail et des savoirs que celle de leurs époux. »[1] Mais cette triple autorisation ne va pas facilement de soi et de nombreuses difficultés mêlées de craintes et d'incompréhension se font sentir. Pour Verbunt, il « peut exister la peur de se détacher de son milieu par une ascension sociale ; chez le jeune, celle de dépasser le père par une promotion socioculturelle qui nuirait à la cohésion familiale ; peur qui, chez les immigrés, peut être dédoublée par le regard négatif porté par le milieu, dans le pays d'origine, sur des activités non-lucratives »[2]. En effet, dans certains milieux, en particulier ceux des familles à faibles revenus, faire des études n'est pas envisageable car il faut rapporter quotidiennement de quoi nourrir la famille et un enfant qui étudie représente un coût non négligeable.

Difficulté à se projeter dans l'avenir et à identifier la formation en matière de valeur ajoutée

Certains migrants ressentent des difficultés à trouver leur place dans la nouvelle société. Le souci de trouver du travail pour pouvoir subvenir

---

1. ROCHEX J.-Y., *Le sens de l'expérience scolaire : entre activité et subjectivité*, PUF, Coll. « L'Éducateur », 1995.
2. VERBUNT Gilles, *op. cit.*

aux besoins du quotidien est omniprésent. Il est alors difficile de se projeter dans l'avenir et de se donner des objectifs linguistiques et professionnels à long terme. Cela renvoie à « la culture de la pauvreté » décrite par Verbunt : une personne vivant avec des problèmes d'ordre matériel développe des réflexes de survie, « dans ce cas, il ne s'agit plus de faire des projets à long ou moyen terme ou de s'insérer dans une société globale, mais de se débrouiller par tous les moyens pour ne pas périr avec les siens. »[1] Le fait de suivre une formation linguistique semble vraiment inutile pour des migrants se trouvant dans cette situation.

Le rejet de l'école et la peur de l'échec

Il ne faut pas assimiler le non-apprentissage et le désintérêt à une motivation faible de l'apprenant en milieu scolaire. Certains migrants n'ont pas été à l'école ou très peu, ce qui fait qu'ils ne voient pas l'utilité de passer tant de temps en formation pour arriver à si peu de qualifications. Le rôle de l'instruction formelle ne va pas de soi dans toutes les cultures. De même, la responsabilité de l'éducation ne revient pas aux mêmes référents : pour certains l'éducation revient à la famille, pour d'autres aux enseignants et pour d'autres encore c'est l'affaire de tous. Selon Maria do Céu Cunha, « il s'avère que cette conception de l'école, forgée par des événements historiques particuliers, se trouve en accord avec la représentation que s'en font souvent les familles populaires, notamment immigrées : l'école c'est l'affaire des enseignants. »[2] Partant de cette vision, pour ceux qui ont été scolarisés, la formation renvoie au monde de l'éducation et donc à celui des enfants et de l'autorité : l'entrée en formation devient alors humiliante puisqu'on nie leur condition d'adultes. Enfin, en cas d'échec scolaire en langue maternelle, l'apprentissage d'une langue seconde peut paraître « insensé » pour le migrant qui pense revivre les difficultés passées...

Frustrations dues aux difficultés à communiquer

Le fait d'être mal à l'aise en langue cible vient souvent de l'impossibilité à tenir un discours élaboré. Le manque de spontanéité crée une gêne intellectuelle, qui accentue ce sentiment d'infériorité et de médiocrité. Le processus d'acquisition d'une langue étrangère comprend souvent une phase de compétence passive où l'apprenant comprend mais est incapable de produire des énoncés. Cette étape crée parfois des blocages. De plus, les nombreuses corrections de l'entourage au lieu

---

1. *Ibid.*
2. CUNHA Maria do Céu, « Les parents et l'accompagnement scolaire : une si grande attente... », Ville-école-intégration Diversité, n° 114, septembre 1998, pp. 180-200.

d'aider favorisent souvent les résistances. À l'inverse, l'absence totale de correction peut également créer des difficultés car l'apprenant risque de reproduire les mêmes erreurs et d'en déduire des règles étrangères à la grammaire française. Pour expliquer ce processus, W. Klein parle de « fossilisation » : « il peut se faire que des apprenants ayant un système fossilisé sachent que les règles qu'ils utilisent sont déviantes, mais ils y ont quand même recours pour communiquer[1] » et cela donne parfois une langue approximative... L'utilisation d'une langue différente de sa langue maternelle peut devenir un handicap. La communication est un moyen de faire reconnaître son identité, or la difficulté à s'exprimer en langue étrangère développe des frustrations et une impression de « médiocratisation » de soi.

Difficultés liées à l'apprentissage

Les migrants développent souvent des stratégies d'évitement qui ne sont pas des stratégies d'acquisition mais d'utilisation (utiliser un verbe anglais pour éviter d'avoir à le conjuguer en langue cible, par exemple), ce qui empêche l'apprentissage. Ces stratégies naissent souvent en situation d'interlangue, lorsque le migrant est à mi-chemin entre sa langue maternelle et la langue cible. Les facteurs culturels influent énormément sur l'apprentissage. De plus, d'un pays à l'autre, les valeurs peuvent être différentes et parfois même s'opposer. Le fait de travailler dans un groupe multiculturel augmente les variations culturelles et les erreurs d'interprétation des codes. Les gestes et la distance sont également des facteurs culturels qui peuvent troubler les apprenants.

La place de la femme dans la société pèse parfois sur la qualité d'apprentissage. En effet, dans certaines sociétés, la femme doit rester à la maison. Sa participation à une formation peut se révéler problématique dès lors qu'on ne lui permet pas de sortir du rôle qui lui est assigné par la famille et la communauté.

Le rapport à l'apprentissage et au savoir doit également être pris en compte par les formateurs : certains apprenants sous-estiment leurs compétences. On peut également avoir une position inverse et tout attendre du formateur. Dans les sociétés à tradition orale, la mémoire est constamment sollicitée. L'apprentissage à l'oral en est facilité. En revanche, le passage à l'écrit peut s'avérer difficile surtout si les apprenants n'en comprennent pas bien l'utilité. Beaucoup d'apprenants ont appris les rudiments de la langue du pays d'accueil sur le tas, en situation concrète. Le passage à un apprentissage guidé, formalisé est parfois difficile.

---

1. KLEIN W., *L'acquisition de langue étrangère*, A. Colin, Paris, 1989, pp. 194-195.

L'acquisition d'une langue étrangère n'est pas un processus neutre : elle met en jeu la personne toute entière. Le migrant se trouve dans une situation anxiogène face à laquelle il développe des résistances afin de se protéger et de se rassurer. Il se trouve en situation de paradoxe où « pour pouvoir communiquer, il doit apprendre la langue et pour apprendre la langue il doit communiquer »[1].

3. Vers une amélioration

3. 1. Réduire les procédures et miser sur le partenariat

Procédures et proximité

En réunissant plusieurs acteurs de l'accueil, des services sociaux et de la formation au même endroit, le dispositif limite le nombre de rendez-vous à prendre. Il est vrai que les migrants doivent effectuer de nombreuses démarches administratives lors de leur installation. Cependant, il est encore possible d'alléger les procédures administratives en limitant le nombre d'interlocuteurs des migrants. Ainsi, les migrants devraient quitter la plate-forme ou le bureau d'accueil systématiquement avec une prescription et un rendez-vous dans un organisme de formation pour commencer l'apprentissage du français, or ce n'est pas toujours le cas. En demandant au migrant de se déplacer à ses frais dans différents lieux souvent éloignés de son domicile, on ralentit le parcours et on risque de jouer sur le nombre d'abandons avant le début de la formation.

Partenariat institutionnel avec les associations

Pour aider à avancer vers l'intégration politique et réfléchir sur la législation autour du cadre juridique des contrats ou conventions d'intégration, il faudrait faire émerger et consolider les associations des personnes issues de l'immigration comme des partenaires institutionnels afin de leur accorder la place qui leur revient dans le dispositif de coopération française : « la présence de nombreuses personnes issues de l'immigration dans la vie collective de nos villes contribue, pour peu que les politiques locales le favorisent, à l'évolution des mentalités et des rapports entre communautés. Le fait d'agir ensemble est un atout pour l'intégration, pour l'efficacité de la lutte contre le racisme, d'amélioration de la vie locale et d'ouverture sur le monde. »[2]

---
1. BRENU A., *op. cit.*
2. www.hcci.gouv.fr/travail/avis/avismigration.html

3.2. Mettre l'accent sur la qualité de l'accueil

Qualifier les acteurs de l'accueil

La qualité de l'accueil dépend surtout de l'aptitude des personnes mandatées à présenter le dispositif de formation de façon claire et organisée. Il serait intéressant de développer les connaissances et les savoir-faire appliqués à l'accueil et aux actions d'information collective auprès des acteurs. Il nous paraît primordial de connaître et de savoir utiliser les outils de communication destinés aux personnes accueillies.

Il serait sans doute utile d'évaluer les différentes présentations de façon à améliorer la phase d'accueil. Cette évaluation serait aussi et surtout l'occasion de relever ce qui se fait de bien, de façon à mutualiser les supports et les pratiques. Ceci nous amène à notre point suivant concernant la modification des supports.

Modifier les supports

Dans le cadre d'une approche socioculturelle, nous nous sommes demandé comment le dispositif était perçu par les migrants en France au moment de la signature du contrat. Outre le manque d'interprétariat et toutes les difficultés qui peuvent venir fausser la donne, certaines phrases ou propositions peuvent être mal interprétées par les migrants, qui liront le contrat selon leur propre grille d'interprétation. Ainsi, le fait de dire que les formations proposées sur le dispositif sont gratuites signifie pour certains qu'elles sont de mauvaise qualité. Le fait d'insister sur la gratuité des formations pour attirer le public peut donc ne pas avoir l'effet escompté. Il est bien sûr impossible de tenir compte des spécificités de chaque culture. Cependant, lorsqu'on remarque que de telles interprétations sont fréquentes, des ajustements peuvent être faits en changeant, par exemple, « formations gratuites » par « formations financées par l'État »...

Les valeurs, les institutions ainsi que quelques règles de vie dans le pays d'accueil sont présentées par des natifs lors de l'accueil des migrants, pourquoi ne pas miser sur l'échange d'expérience en demandant à des migrants déjà bien installés de raconter leur parcours de découverte de la vie dans le pays d'accueil ?

3.3. Recherche et développement

Bien que plusieurs études sur l'apprentissage de la langue française, sur l'intégration et sur le public migrant aient été menées, il reste de nombreux domaines à explorer. Au sein des institutions, des travaux de fond pourraient aboutir à une meilleure connaissance du public migrant. Le visage et les besoins des migrants évoluant au fil de l'actualité, les recherches restent toujours à poursuivre. Il serait intéressant de créer des groupes de recherche composés de chargés de mission, d'experts internationaux mais aussi de formateurs ou responsables de formation sur le terrain pour réfléchir sur ces thématiques et concevoir des outils visant à l'amélioration du dispositif.

Charte qualité

Un travail sur l'évaluation de la qualité des formations pourrait être organisé. Il s'agirait de définir des critères de qualité précis, qui compteraient dans la sélection des prestataires et amèneraient à la création d'un label qualité européen. Les critères seraient de différents types : lieu de formation (signalisé, bien desservi, propre, aux normes de sécurité...), matériel à disposition (ordinateurs, laboratoire de langues, centre de ressources...), niveaux de formation de l'équipe pédagogique, projet pédagogique, etc.

Programme et référentiel

Pour harmoniser les enseignements et viser l'égalité des chances, pourquoi ne pas élaborer un programme de formation avec des objectifs définis par catégorie de public ? Les organismes pourraient ainsi se caler sur une base commune, à savoir le Cadre européen. Le travail sur la certification a déjà été amorcé dans plusieurs pays européens. Il constitue une base d'une grande richesse : une certification reconnue dans le cadre de la formation professionnelle serait un pas en avant dans le parcours d'intégration sociale des migrants. En 2006, un décret concernant le Diplôme Initial de Langue Française (DILF) est sorti en France. Il valide l'atteinte des objectifs du CAI. Ce diplôme viendra légitimer et valoriser le parcours des migrants. C'est un premier pas important mais il correspond à l'acquisition du niveau A1.1, une subdivision du niveau A1 du CECR, soit un niveau de compétences minimal. Il existe d'autres diplômes reconnus, comme le Diplôme d'Études en Langue Française (DELF) et le Diplôme Approfondi de Langue Française (DALF)[1] mais ces derniers, contrairement au DILF, sont payants et ne sont donc pas à la portée de tous les migrants. Nous reviendrons plus en détail sur les certifications et les référentiels dans la partie suivante.

Matériel pédagogique et coopération

Des recherches sur l'apprentissage de la langue par le public migrant pourraient aboutir à la création de matériel pédagogique et de développement en lien avec des éditeurs. Des journées internationales de

---

1. Diplôme donnant accès aux études supérieures.

travail et d'échanges sont mises en place chaque année mais il s'agit bien souvent de dresser un état des lieux politique et organisationnel de la formation linguistique de tel ou tel pays. Il manque un travail collaboratif autour d'outils pédagogiques mené par des ingénieurs pédagogiques et des formateurs. Il serait intéressant de mener des études communes de façon à multiplier les financements et les connaissances. Des partenariats avec d'autres pays, ayant des conceptions différentes de l'immigration, peuvent permettre d'envisager la formation des migrants sous d'autres angles. Certaines universités, comme l'Université Mac Gill au Canada, sont très actives et ont déjà organisé des tables rondes sur le thème des politiques linguistiques d'intégration en France et ailleurs, par exemple. Au-delà de simples rencontres où les représentants des différents pays exposent la situation de leur pays, ce sont des groupes de recherche qu'il faudrait mettre en place pour approfondir des questions cruciales comme celle des freins à l'intégration.

3.4. Professionnalisation des acteurs

Formation de formateurs

Dans la plupart des pays d'accueil, la formation est mise en place localement par des prestataires privés ou des associations. Il faut renforcer la formation de formateurs de façon à faire de la formation des migrants un domaine spécialisé avec du personnel qualifié. Ces efforts de professionnalisation doivent se poursuivre par la mise en place de formations de formateurs et par des rencontres thématiques régulières entre les différents acteurs de la formation.

Une plus grande importance doit être accordée à l'insertion sociale et professionnelle des migrants. Les formations doivent être plus axées sur la réalité et le souci de respecter les priorités de la majorité du public : l'accès au monde du travail et l'insertion dans la société d'accueil. Tout ceci demande au formateur une grande polyvalence pour pouvoir maîtriser l'ensemble des besoins de formation. Au-delà des questions pédagogiques, les formateurs doivent avoir le temps nécessaire pour effectuer les différentes tâches administratives lorsqu'on remarque que de telles interprétations sont fréquentes qui leur incombent (dossier de rémunération, fiche navette à renvoyer aux prescripteurs, statistiques demandées par les financeurs...). Il y a une réelle réflexion à mener sur le temps de travail et la répartition des tâches en partant du référentiel de compétences du formateur. En cherchant sur la toile, on peut en trouver différents modèles avec des spécificités particulières, on peut également utiliser le code ROME[1] de l'ANPE, mais, pour les formateurs travaillant pour des organismes de type associatif, mieux vaut étudier la convention collective des organismes de formation[2] pour connaître leurs droits et le pourcentage temps de face-à-face et de préparation.

Sur le site *classdu*[3], on peut trouver un résumé des compétences du formateur, d'après l'ouvrage *Formateur d'adultes* de J.-P. Martin et E. Savary (CAFOC de Nantes, Éditions Chronique sociale) :

1. Concevoir des dispositifs ou actions
- Distinguer besoin et demande. Connaître les différents dispositifs de formation. Analyser les besoins.
- Analyser une demande.
- Conduire une étude de besoin (écart compétences requises/compétences acquises).
- Analyser un cahier des charges. Construire une action ou un dispositif de formation.
- Construire des dispositifs = analyser les besoins et construire un dispositif de formation.

2. Préparer ses interventions
- Connaître les théories de l'apprentissage.
- Connaître l'approche par les objectifs.
- Connaître les différentes méthodes pédagogiques
- Analyser l'environnement des personnes en formation et les enjeux des différents acteurs.
- Définir et formuler les objectifs pédagogiques.
- Les organiser dans une progression pédagogique.
- Adopter les méthodes pédagogiques appropriées. Réaliser des outils, des supports. = Apprendre et définir des objectifs, construire les situations d'apprentissage.

3. Animer les séquences de formation
- Connaître les principes de la communication.
- Connaître les phénomènes de groupe.
- S'exprimer dans un groupe situation.
- Mettre en œuvre une écoute active (centrée sur d'apprentissage).
- Réguler l'expression et le travail du groupe. Faire vivre la relation pédagogique.
- Gérer le temps.
- Gérer les conflits. Adapter la progression aux rythmes et styles des apprenants. Construire les situations d'apprentissage.

.../...

---

1. Répertoire Opérationnel des Métiers et des Emplois.
2. Consultable sur http://fleasso.club.fr/infoproffle/CC1.htm ou sur legifrance.
3. http://classedu.free.fr/spip.php?article35

…/…
4. Accompagner les stagiaires
▶ Connaître son rôle de formateur et ses limites.
▶ Connaître des éléments de psychologie des personnes en formation.
▶ Maîtriser les techniques d'entretien individuel et collectif.
▶ Faciliter l'élaboration et la validation de projets individuels.
▶ Assurer un suivi en milieu professionnel. Faire vivre la relation pédagogique.
5. Faire des bilans
▶ Connaître les différentes fonctions et formes de l'évaluation.
▶ Créer ou utiliser des outils d'évaluation des apprentissages et les effets de la formation.
▶ Utiliser ou créer des outils d'évaluation des actions. = Définir des objectifs et évaluer les apprentissages et les effets de la formation.
6. Coordonner l'action
▶ Connaître le fonctionnement des organismes de dispositifs de formation et en particulier de son propre organisme.
▶ Décoder les enjeux et stratégies des acteurs.
▶ Planifier, gérer, adapter un projet, une action.
▶ Travailler en équipe.
▶ Coordonner une équipe. = Construire des dispositifs de formation et faire vivre la relation pédagogique.
7. Entretenir des relations avec l'environnement
▶ Connaître le tissu socio-économique.
▶ Connaître l'état du marché de l'emploi.
▶ Connaître les instances interlocutrices.
▶ S'informer sur les évolutions de l'environnement.
▶ Tenir compte des enjeux dans les rapports avec les interlocuteurs.
▶ Entretenir des relations à caractère commercial. = Penser la formation.

Développer au quotidien de telles compétences dans un contexte professionnel souvent difficile demande beaucoup d'investissement personnel et de rigueur.

Diplômes en France

Les financeurs ont pris en compte ce besoin de formation des formateurs et souhaitent à présent que les formateurs soient issus d'un deuxième cycle universitaire FLE. Si cette formation prépare à l'enseignement des langues étrangères, elle n'est pas spécifique au public migrant et certaines compétences restent à acquérir. Il faudrait ajouter un module optionnel aux formations FLE avec des matières telles que

« droit des étrangers », « institutions et organismes concernés par le public migrant », « FLS », etc. Mais, si la qualification des formateurs a été réellement prise en compte, le manque de coordination pédagogique se fait parfois ressentir. Il s'agit alors de mettre également l'accent sur l'ingénierie de formation pour que les organismes acquièrent des compétences ciblées en matière de conception, réalisation et suivi de formations.

Nous l'avons vu précédemment, les financeurs demandent aux prestataires de formation de constituer des équipes de formateurs ayant suivi une licence ou une maîtrise FLE. Bien que les enseignements FLE soient très riches pédagogiquement, un étudiant diplômé en FLE doit recevoir un complément de formation pour s'adapter au public migrant. Il existe plusieurs formations très intéressantes qui permettent aux formateurs de compléter leur formation initiale et d'être mieux outillés pour concevoir et animer des séances pédagogiques appropriées. En voici quelques exemples[1] :

- **L'IFPA[2], Bourgogne** : Institut de Formation et de Promotion des Adultes français, organisme de formation privée (association Loi 1901), spécialisé dans l'orientation professionnelle et la gestion de parcours et la formation linguistique auprès du public migrant.

PRODUITS	CONTENUS	DESTINATAIRES
Méthodologie de formation de formateurs	Elle identifie les points clés à aborder pour l'adaptation de la formation à la création d'entreprise, aux besoins spécifiques du public migrant. Elle présente les itinéraires possibles de formation et d'accompagnement en fonction du profil des personnes. C'est le pivot central pour l'utilisation de l'ensemble des outils.	Professionnels
Méthodologie de formation en création et gestion d'entreprises adaptées à un public migrant	Elle décline trois programmes de formation tenant compte des besoins des porteurs de projets, en termes d'itinéraires, de contenus, d'outils didactiques.	Professionnels
Méthodologie d'accompagnement en création et gestion d'entreprises adaptées à un public migrant	Elle s'articule avec la méthodologie de formation pour apporter un appui individualisé durant la phase de lancement et/ou de consolidation de l'activité. Elle contient les itinéraires, les contenus, les outils didactiques.	Professionnels

---

1. Liste non exhaustive, choix réalisé pour présenter différentes modalités de formation et différents contenus.
2. http://www.ifpa-formation.com/

- **CIEP, Sèvres** : Centre Internationale d'Études Pédagogiques : une semaine de formation intitulée « Didactique du FLE pour adultes migrants ».

> « Depuis quelques années, le secteur de la formation linguistique des adultes migrants a connu de profonds changements qui questionnent le métier de formateur de FLE auprès de ces publics.
> La formation est articulée autour d'un double objectif, d'une part, permettre aux formateurs et aux responsables d'équipes pédagogiques de mieux se repérer dans le secteur de la formation pour adultes migrants, d'autre part, réfléchir à la cohérence et à l'efficacité des pratiques pédagogiques en cours afin de les rendre plus adaptées et plus efficaces.
> Dans un premier temps, un état des lieux de l'évolution des dispositifs de formation linguistique pour les adultes migrants jusqu'à la mise en place du Contrat d'Accueil et d'Intégration depuis 2003 sera proposé, il fera le lien avec la prochaine mise en place du Diplôme Initial de Langue Française. Puis, une analyse des regards portés sur les apprenants adultes migrants conduira au traitement pédagogique des besoins spécifiques de ces publics.
> Dans un deuxième temps, l'accent sera mis sur les questions d'ordre méthodologique propre à ce domaine. Il s'agira de proposer des repères, ainsi que des outils concrets et opérationnels aux formateurs soucieux d'analyser et d'enrichir leurs pratiques d'enseignement auprès des adultes migrants à partir de l'analyse des besoins spécifiques de ces apprenants en situation d'immersion et de migration en France. »[1]

- **CLAP/ECRIMED** [2], **Toulouse** : Centre de ressources et de Liaison pour les Associations et les Porteurs de projets proposant des ateliers thématiques aux formateurs, mais également aux responsables de formation.

---

1. http://www.ciep.fr/formations/belchiver2007/flemigrant.php
2. http://www.clapmp.com/

Gestion administrative et comptable des associations	
Bien organiser son association	1 jour (7 heures)
Comptabilité et gestion des associations	8 jours (56 heures)
Employer du personnel	4 jours (28 heures)
Gestion de projets associatifs	
Comment financer son projet associatif ?	2 jours (14 heures)
Technique de montage et d'évaluation de projets	1 jour (7 heures)
Formation ateliers d'écriture et d'expression	
Animer des ateliers d'écriture	3 jours (21 heures)

Les centres de formation cotisent chaque année pour la formation continue, les salariés peuvent donc faire la demande en interne pour pouvoir bénéficier de temps alloué à la formation professionnelle.

3.5. Renforcer le réseau des acteurs en France

Les services sociaux

Le CAI offre certes un suivi social mais, du 1er juillet 2003 au 30 avril 2004, seulement 7,5 % des signataires ont été orientés auprès des services sociaux spécialisés. Il reste quelques difficultés freinant les entrées en formation. Pour répondre au problème d'absentéisme des femmes dû à la garde des enfants, certaines associations ont créé des crèches dans leurs locaux. Un personnel salarié se relaie pour prendre en charge les enfants des stagiaires, permettant aux mères de famille d'apprendre en toute tranquillité. Ce genre d'initiative reste coûteux et peu d'associations peuvent mettre des crèches en place sans l'aide de financeurs. De même, pour assurer le suivi social, il faudrait mettre en place des permanences sur le site de formation de façon à ne pas multiplier les contacts et les déplacements. Les stagiaires pourraient rencontrer, en plus des responsables de formation, des conseillers en économie sociale et familiale et/ou une psychologue pour les aider à mettre en place leur parcours d'insertion professionnel et d'intégration dans la société.

L'université

Les relations entre l'université, dans sa double mission de formation de formateurs et de recherche, et le monde de la formation linguistique des migrants sont pauvres. Dans la mesure où les financeurs exigent une plus grande professionnalisation des formateurs et où la licence FLE est en train de devenir un diplôme incontournable dans le domaine de la formation linguistique des migrants, il apparaît important de nouer des liens plus solides entre le terrain et l'université afin de faire du FLS à visée d'insertion sociale et professionnelle une réelle spécialité.

Les différents prestataires et partenaires

Les organismes de formation créent leur propre matériel pédagogique et certains se sont constitués des centres de ressources très riches. Tout rassembler dans une bibliothèque nous paraît difficile étant donné la répartition des associations sur l'ensemble du territoire. En revanche, il serait intéressant de constituer un espace virtuel où les différents acteurs de l'accueil et de la formation pourraient échanger sur leurs pratiques, avoir un accès direct aux informations et réaliser une banque de données collectives. La création d'une plate-forme collaborative permettrait d'établir des liens et de communiquer à distance. Nous en proposons un exemple dans la partie pratique à suivre.

La ville et les services

Pour faire face aux difficultés de transport, de logement ou d'accès aux activités culturelles rencontrées par les migrants, il faudrait là encore renforcer les relations entre organismes de formation et municipalités. Certaines associations ont établi des partenariats avec la mairie de façon à pouvoir organiser des activités avec les apprenants en sortant du cadre de la salle de cours : transport en minibus à moindre prix, accès gratuit à la médiathèque, visite de sites historiques, participation à des festivals... C'est à chaque organisme d'effectuer des démarches en ce sens.

Les entreprises

La réforme du code du travail d'avril 2004 fait du droit à la langue un élément de la formation professionnelle à part entière. Logiquement, les migrants devraient avoir le statut de stagiaire de la formation professionnelle et, à ce titre, bénéficier d'une rémunération. En effet, l'État, finançant déjà les formations, n'a pas débloqué un budget suffisant pour payer les cotisations sociales. Pourquoi ne pas se tourner alors vers les entreprises qui pourraient participer au financement des actions de formation à la langue ? Au Royaume-Uni, des doubles financements État/entreprises de programmes d'enseignement de la langue ont été mis en place en faveur des réfugiés pour pallier un manque de personnel hospitalier. Ce type d'initiative n'est-il pas envisageable en France ? Le fait d'entrer en formation dans la perspective d'une embauche en fin de parcours et de percevoir des indemnités jouera sûrement sur la motivation des signataires.

Nous avons pris le parti de nous intéresser essentiellement aux migrants issus de catégories socioprofessionnelles modestes ou défavorisées, néanmoins il est intéressant de citer dans ce paragraphe consacré au monde du travail le cas particulier des cadres impatriés. Il faut reconnaître que ces migrants arrivent bien souvent dans le pays d'accueil dans un contexte privilégié où beaucoup de services (agence de relocation pour la recherche d'un logement, mise à disposition d'un interprète, cours de langue...) sont pris en charge par leur entreprise et où le pays d'accueil peut leur accorder certaines facilités administratives[1] pour des raisons d'attractivité évidentes. Ces migrants passent par des organismes de formation privés qui leur dispensent des cours payants dans le pays d'accueil et/ou dans le pays d'origine, formations validées par des certifications comme le DELF, le DALF, le Test de Connaissances du Français (TCF), le Test d'Évaluation du Français (TEF) ou d'autres certifications de type Français sur Objectifs Spécifiques (FOS)[2]. Certaines entreprises possèdent leur propre centre de formation ou, le cas échéant, commandent des formations à la carte à des prestataires privés.

Nous avons évoqué le concept d'« immigration choisie » avec la carte « compétences et talents », par exemple en France. Pour attirer les investissements et les compétences de l'élite étrangère, certains pays d'accueil comme la France ont mis en avant dans leurs politiques d'accueil l'amélioration de l'offre française d'enseignement internationale de façon à mieux accueillir les enfants d'impatriés. Dans ce domaine, il faudrait assouplir les démarches administratives d'inscription à l'université avec un baccalauréat passé à l'étranger, ouvrir de nouvelles sections internationales dans les écoles et valoriser les parcours de formation en mettant en place des diplômes reconnus à l'étranger.

3.6. Tenir compte des cultures éducatives et linguistiques et travailler sur la motivation

Les cultures éducatives et linguistiques dans l'enseignement des langues

Il faut réserver une place à la notion de culture éducative, de culture du langage et de culture linguistique (catégories citées dans l'ouvrage de J.-C. Beacco, J.-L. Chiss, F. Cicurel et D. Véronique, *Les cultures éducatives et linguistiques dans l'enseignement des langues*, PUF, 2005). Les publics de migrants, si démunis qu'ils puissent apparaître en

---

1. Exemple en France : création d'un guichet unique pour traiter les procédures relatives à l'entrée, le séjour et le travail des cadres et de leurs familles.
2. Exemples : langue des affaires, du tourisme, juridique...

matière de formation linguistique dans leur langue d'origine, sont cependant porteurs de cultures qui, dans les trois domaines évoqués, définissent des attitudes et organisent les conduites d'apprentissage :
– cultures éducatives : ces publics ont reçu des formations dans des contextes éducatifs spécifiques (ou bien disposent de représentations sur ce que doit être une « bonne » démarche de formation), dans une relation souvent formelle, de type transmissif, qui peut troubler quand le formateur en France adopte des démarches plus ouvertes, dans une relation plus familière, sans l'apparat d'un apprentissage fortement ritualisé.
– cultures du langage : la communication langagière dans les cultures des publics de migrants s'inscrit dans un répertoire d'usages, qui oscille entre une formalité souvent très poussée et une familiarité qui l'est tout autant. Trouver la bonne distance en français, savoir focaliser comme il le convient selon les interlocuteurs et l'enjeu, constitue un enjeu important de la formation.
– cultures linguistiques : ensemble des savoirs, savants ou empiriques, des représentations sur la langue. Problème du rapport à la règle (comment découvrir les règles qui sont nécessaires à la production d'énoncés corrects ?) et problème du rapport à la norme (produire des énoncés adaptés à la situation d'échange). Comment favoriser l'intériorisation des règles de la langue et l'automatisation des formes sans passer par des apprentissages explicités qui peuvent à la fois faire obstacle et cependant être considérés comme des étapes incontournables dans la formation ?

En même temps, un très grand nombre de ces publics relève de ce que l'on peut appeler des langues distantes ou des langues lointaines (non par la distance géographique mais par la distance formelle, le polonais ou l'albanais, mais aussi bien le tamoul ou le soninké, le peul, le turc par rapport au français). Les conditions d'appropriation du français ne peuvent se comparer à celles qui prévalent pour un sujet hispanophone ou anglophone. Une méthodologie « pour tous » ne saurait convenir. Le choc didactique est souvent très fort et il importe de pouvoir réduire son impact par le choix d'une didactique appropriée à ces publics (rôle de la règle, place du vocabulaire, etc.). Le formateur doit disposer, non pas de connaissances sur les langues en question, mais avoir quelques lumières sur les langues isolantes (langues d'Asie, par exemple, à faible appareil morphologique, langues agglutinantes, comme le turc, ou langues à flexion/déclinaison). Là encore la formation continue est très importante pour appréhender toutes ces notions mais nous reviendrons sur la méthodologie et les différentes approches dans la partie suivante.

La force de la motivation

Malgré tous les freins évoqués précédemment, tout formateur a en mémoire le cas de tel ou tel apprenant réunissant un nombre impressionnant de difficultés et de problèmes sociaux, qui, par une profonde motivation, a réussi à s'approprier la langue. Quand on a laissé sa famille, son pays pour partir à l'autre bout de la planète, on possède en soi une volonté d'aller de l'avant et de faire avancer les choses. Le formateur doit savoir susciter cette motivation, cette force ancrée en chacun pour surmonter les obstacles.

Il y a de nombreux modèles et de nombreuses théories pour aborder la motivation, citons-en brièvement trois qui nous semblent marquants :
– la théorie du besoin de réalisation de Mac Clelland (théorie construite autour de trois types de besoins : de pouvoir, de réalisation et d'affiliation) ;
– la théorie des caractéristiques de la tâche de Hackman (cinq facteurs influent sur la motivation : la variété des tâches, la capacité à réaliser une tâche entièrement, la signification de la tâche, l'autonomie et le retour sur la tâche effectuée) ;
– les théories behavioristes (la motivation résulte de facteurs externes liés à un conditionnement).

Beaucoup de pédagogues insistent sur la différence entre motivation extrinsèque, dépendant de facteurs externes, et motivation intrinsèque, prenant sa source dans les désirs de l'apprenant, et sur la nécessité de travailler sur ces deux formes de motivation.

Il y a des sources externes à la motivation liées au cadre de la formation, au choix des outils, à l'interactivité au sein d'un groupe d'apprenants ou encore aux stratégies pédagogiques utilisées par le formateur et puis il y a des sources internes (plaisir, accord avec un projet intérieur...) à animer chez les apprenants. Pour des migrants qui ont des besoins de communication immédiats pour être autonomes au quotidien, chaque objectif linguistique ou communicationnel doit pouvoir être lié à une situation pratique et expérimenté sur le champ. Lorsqu'on définit un plan de formation avec des objectifs à long terme, il faut s'assurer que ce parcours soit jalonné d'objectifs à court terme vérifiables et quantifiables rapidement et régulièrement. Le choix des outils de suivi a un rôle très important.

IV

Objectifs pédagogiques et enseignement de la langue du pays d'accueil

> « *Apprendre la langue du pays d'accueil, c'est en quelque sorte prendre le passeport pour la citoyenneté* »
> Jean Bellanger, AEFTI, 23 octobre 2003, à Marseille[1]

De nombreux freins à l'apprentissage peuvent être levés dès lors que l'équipe pédagogique a une bonne connaissance du public migrant. Pour atteindre les objectifs linguistiques et civiques fixés sur les différents dispositifs, il faut tenir compte de la typologie des apprenants afin de déterminer les approches pédagogiques adéquates ainsi que les outils à utiliser.

Dans les différents pays étudiés, on peut noter que l'acquisition d'une « langue de survie » est demandée *a minima* de façon à ce que le migrant puisse vivre au quotidien sans intermédiaire. Ces objectifs linguistiques sont accompagnés d'objectifs civiques ou socioculturels

---

1. Discours prononcé dans le cadre d'une journée co-organisée par l'AEFTI fédération et le CRI région PACA sur la reconnaissance d'un véritable droit à la langue française à tous les migrants, octobre 2003 (non publié).

permettant au migrant de mieux appréhender son nouvel environnement et de pouvoir faire sa place dans sa société d'accueil. Il s'agit là d'objectifs très ambitieux si l'on tient compte du nombre important de freins à l'apprentissage, des moyens financiers limités des différentes administrations, du nombre d'heures de formation alloué aux apprenants et aux délais de réalisation des formations...

Cette quatrième partie, sera consacrée à la question de la détermination des objectifs pédagogiques et à celle de l'enseignement proprement dit de la langue du pays d'accueil.

1. Cadre théorique et méthodologies

Nous nous intéresserons principalement à un public d'apprenants adultes mais la plupart de nos points d'analyse sont applicables également, à certains ajustements près aux jeunes migrants.

Avant d'aller plus loin, il faut garder à l'esprit que l'apprentissage doit tendre à développer l'autonomie des apprenants au point de vue linguistique mais aussi social.

– Au point de vue linguistique : on amène l'apprenant à repenser sa représentation de l'apprentissage. La salle de cours n'est pas le seul endroit où l'on peut apprendre. On apprend en toutes circonstances et en tous lieux : la rue, les magasins, les administrations sont autant de lieux potentiels d'apprentissage.

– Au point de vue social : l'apprentissage vise à faire acquérir aux stagiaires des repères socioculturels dans la société d'accueil, connaissance de l'environnement social, savoir faire face aux situations de la vie quotidienne : s'orienter et se déplacer seul, se renseigner, régler des problèmes de natures diverses...

1.1. Typologie des publics

Étant donné l'hétérogénéité des publics, il est plus judicieux de s'interroger sur leurs besoins que de les classer par catégorie : alphabétisation ou FLE. Néanmoins, comme les appels d'offres de formation linguistique et les manuels utilisent cette classification, nous avons repris le classement suivant : alphabétisation, post-alpha et FLE, mais en insistant sur les compétences à acquérir pour que chacun puisse s'y retrouver.

Publics relevant de l'alphabétisation

S'agissant d'un public peu ou pas scolarisé, les compétences acquises en formation doivent permettre de faire face rapidement à des situations variées de la vie quotidienne. Il faut donc travailler une langue authentique. La priorité va à l'acquisition d'actes de communication (voir ci-dessous). Les objectifs liés aux aspects pragmatiques, paralinguistiques et comportementaux de la communication sont ceux proposés par le référentiel des premiers acquis. Le formateur travaille donc sur des actes de parole et part de documents simples (comportant un nombre limité d'informations) pour faire émerger des régularités et des particularités de la langue. La démarche didactique met au centre de l'apprentissage la situation de communication. Dans le cas d'un public faiblement scolarisé pour lequel se mettre à distance de sa propre langue est une difficulté complémentaire, la grammaire sera implicite. Le rapport à la langue doit être concret.

Une démarche de pré-alphabétisation sera mise en marche pour se familiariser avec un univers qui repose sur des signes et découvrir les outils élémentaires de la graphie. Il s'agit d'écrire et de se faire comprendre à l'oral et à l'écrit. Il s'agit d'accompagner le public vers l'acquisition des compétences suivantes.

- **Compétences d'adaptation et d'appropriation des contenus**

La variété des activités doit permettre aux stagiaires de développer des stratégies d'apprentissage par le jeu, la lecture ou l'écoute. Les différents supports pédagogiques sont aussi là pour permettre aux stagiaires de transposer leurs connaissances à de nouveaux domaines dans de nouvelles situations. Il est intéressant de mettre les stagiaires en situation en organisant un projet culturel ou un parcours pratique dans la ville en petits groupes où les apprenants seront amenés à s'adresser à des commerçants ou à des passants, par exemple, à lire une carte, à repérer des panneaux… Il faut amener les stagiaires à utiliser différents outils : le papier crayon, les livres, l'ordinateur, le magnétophone, le face-à-face… C'est au formateur d'orienter son enseignement continuellement en partant des objectifs, des centres d'intérêt et des progrès des stagiaires.

- **Compétences orales : écouter et parler**

Les stagiaires débutant en langue étrangère ont besoin d'écouter attentivement la langue cible, il s'agit alors de mettre l'accent sur cette compétence de reconnaissance des mots. La parole doit ensuite être encouragée. Les compétences orales reposent sur trois composantes à assimiler : linguistique (phonétique, lexique…), sociolinguistique (normes sociales, règles de politesse…) et pragmatique (maîtrise du discours, cohérence…).

Les objectifs de réception et de production orales sont ceux présentés par le référentiel A.1.1 :
▶ comprendre une annonce publique, une indication simple, des instructions simples, une information chiffrée, l'heure : le stagiaire « peut comprendre quelques expressions familières et quotidiennes utilisées dans des situations de communication très récurrentes ainsi que des énoncés très simples visant à satisfaire certains besoins concrets de la vie sociale »[1]
▶ participer à des échanges de base où il s'agira de décliner son identité, son état civil, sa profession, de demander un prix, de présenter des personnes ou des lieux, de demander un rendez-vous, de signaler un problème de santé : le stagiaire « peut produire des énoncés courts, isolés, généralement mémorisés », « peut établir un contact social élémentaire en utilisant des formes de politesse. »[2]

- **Compétences écrites : lire et écrire**

Pour cela des activités de reconnaissance écrite sont proposées. Le fait de manipuler des textes correspond à une phase de pré-écriture relayée par des séances de graphie. Bien que le référentiel A1.1, c'est-à-dire le référentiel des premiers acquis en langue française, prenne en compte l'oral et l'écrit, seul l'oral reste obligatoire pour le DILF. Néanmoins, pour des personnes qui souhaitent s'installer durablement en France, l'apprentissage de la langue ne peut se faire sans la connaissance de l'écrit. La langue doit être envisagée dans sa globalité de façon à permettre aux publics d'être autonomes plus rapidement au quotidien.

Les objectifs de réception et de production écrites sont ceux du référentiel A1.1 :
▶ identifier la signalétique, comprendre des instructions simples, des informations de base (noms propres, cartes postales...), des informations chiffrées (prix, horaires...) : il s'agit de « lire pour s'orienter, s'informer : pouvoir reconnaître des noms, des mots ou expressions les plus courants dans des situations ordinaires de la vie quotidienne. »[3]
▶ Recopier une adresse, un numéro de téléphone ; noter un prix ou une date, compléter un formulaire : le stagiaire peut également « reconnaître différentes formes de graphie : caractères imprimés, script, majuscules... »[4].

---

1. « Niveau A1.1 pour le français », Éd. Didier, p. 194.
2. *Ibid*, p. 195.
3. *Ibid*, p. 196.
4. *Ibid*, p. 196.

Des ateliers d'écriture peuvent être mis en place si les délais de la formation le permettent pour apprendre à lire et à écrire. Malgré les nombreuses polémiques portant sur les méthodes d'apprentissage, la plus demandée par les publics n'ayant jamais été scolarisés reste, par expérience personnelle, la méthode syllabique. Mais, concrètement, cette méthode a montré ses limites sur le terrain. Nous proposons une autre approche de la lecture dans le chapitre consacré au travail des compétences écrites dans la cinquième partie.

Publics relevant du « post-alpha et FLE débutant »

Ce groupe est composé de personnes alphabétisées jusqu'au niveau secondaire et/ou ayant quelques notions de français de base. Le niveau est supérieur à celui du groupe alphabétisation puisque les bénéficiaires maîtrisent déjà un système graphique et possèdent des habitudes d'apprentissage. L'introduction de l'écrit se fera plus rapidement.

- **Compétences d'adaptation et d'appropriation des contenus**

Voir public précédent. L'apprentissage de la langue nécessite un étayage qui pourra se mettre en place par la construction et le développement de compétences langagières, qui se divisent en compétences linguistiques, en compétences communicationnelles (gestes, mimiques, moyens d'entrée en communication...) et en compétences textuelles (nature du message à faire passer).

- **Compétences orales : écouter et parler**[1]

Les objectifs cités ci-dessous pourront être atteints plus rapidement, les situations de communication seront plus riches et plus variées de façon à :
▶ Pouvoir faire ses courses
▶ Se loger, gérer sa vie de foyer
▶ Utiliser les services bancaires, postaux...
▶ Utiliser les services de santé
▶ Voyager, rentrer au pays
▶ Fréquenter les médias
▶ Communiquer au travail
▶ Passer un entretien d'embauche
▶ Gérer son apprentissage
▶ Passer des appels téléphoniques...

---
1. D'après le CECR.

Ces objectifs[1] sont proches de ceux du public « alphabétisation », ils s'inscrivent dans un prolongement à un niveau supérieur où le stagiaire est plus à l'aise dans ses démarches :
- Produire des énoncés en situation de questions/réponses, liés à des situations de communication courantes
- Produire des énoncés simples en situation de récit d'événements passés, liés au vécu quotidien
- Produire des énoncés en situation de description, liés à des actes de parole simples mais diversifiés
- Améliorer la prononciation
- Produire des énoncés en situation d'expression d'un sentiment, d'une excuse, d'un souhait, d'un avis, d'un conseil, d'une exigence, d'une consigne.

- **Compétences écrites : lire et écrire**
- Différencier la prononciation orale de la retranscription écrite
- Commencer à déchiffrer les mots
- Réussir à lire des phrases simples

Au-delà des besoins premiers, les apprentissages iront plus loin dans la réflexion autour de la langue. Ainsi, les règles de construction de la langue pourront être étudiées. Il est important d'introduire un travail sur la syntaxe : les pronoms sujets, le temps des verbes, les relations temporelles, la cause, la finalité. Il ne s'agit pas de faire des cours magistraux de grammaire académique, mais d'encourager les stagiaires à s'interroger sur la structure de la langue pour mieux la décoder et l'utiliser. Pour ce public, la langue reste un moyen.

Publics relevant d'une pédagogie FLE à un niveau élémentaire ou avancé

Les bénéficiaires relevant du FLE possèdent un bon niveau dans leur langue maternelle et ont l'habitude d'apprendre. Si l'approche est à dominante orale, l'écrit reste un moyen indispensable de renforcement d'accès à la connaissance et d'acquisition de stratégies indispensables à la maîtrise de la langue. Il s'agit d'accompagner le public vers l'acquisition des compétences suivantes.

---

1. D'après le référentiel FAS-CUEPP.

- **Compétences d'adaptation et d'appropriation des contenus**
Voir précédemment. Il faut instaurer une mise en pratique et réflexion autour de thématiques : culture générale et connaissance du monde, savoir socioculturel (conditions de vie, relations interpersonnelles, le langage du corps, le savoir-vivre, les comportements rituels...), savoir-être et savoir-apprendre...

- **Compétences orales : écouter et parler**[1]

Production orale
▶ Prononcer clairement et varier l'intonation
▶ Produire des énoncés complexes en situation de débat
▶ Produire des énoncés complexes en situation de récit d'évènements passés ou futurs
▶ Produire des énoncés en situation de restitution d'énoncés complexes entendus
▶ Produire des énoncés en situation de communication différée (transmission d'informations par un répondeur)

Réception orale
▶ Connaître les expressions toutes faites et les locutions figées
▶ Connaître le vocabulaire relatif aux thématiques étudiées
▶ Repérer des mots isolés et reconnaître leur nature
▶ Repérer des éléments grammaticaux
▶ Savoir décrire l'organisation grammaticale d'un corpus
▶ Distinguer morphologie et syntaxe
▶ Repérer la composition phonétique des mots

- **Compétences écrites : lire et écrire**[2]
▶ Connaître les signes de ponctuation et leur usage
▶ Maîtriser les lettres imprimées ou cursives, majuscules et minuscules
▶ Connaître les conventions orthographiques
▶ Produire des écrits compréhensibles
▶ Acquérir les codes sociolinguistiques (registres de langue, politesse, proverbes...)
▶ Reconnaître le sens d'énoncés : articulés logiquement, constitués de plusieurs phrases, syntaxiquement simples, comprenant un vocabulaire usuel, liés à la vie quotidienne et/ou à la sphère socioculturelle
▶ Repérer le contexte des principaux écrits
▶ Utiliser différents écrits fonctionnels (annuaires, plans, tableaux, modes d'emploi, journaux)

---
1. D'après le CECR et le FAS-CUEPP.
2. *Ibid.*

Au-delà des besoins quotidiens, c'est sur la langue comme fin et comme moyen qu'il faudra travailler. Partir du connu, travailler sur un vécu culturel motivant, analyser et étudier les formes linguistiques dont le sens a été élucidé, stimuler la créativité, fournir des outils de réflexion pour favoriser l'observation et la formulation d'hypothèses, autant d'activités à proposer aux bénéficiaires...

Publics relevant du FLS

Le Français Langue Seconde (FLS) s'adresse en particulier au public scolaire (enseignement destiné à un public migrant de faible niveau s'installant en France pour qui le français deviendra la langue des échanges quotidiens). Pour Bruno Maurer, membre de l'équipe Didaxis de l'Université de Montpellier III : « le FLS tient du FLM par le fait qu'il est la langue dans laquelle s'opèrent les apprentissages et qu'il a partie liée avec le FLE du moment qu'il n'est pas la langue maternelle des apprenants [...] Le FLS se rapproche du FLM par la fonction cognitive que lui demande de jouer une institution scolaire, mais il relève pleinement d'une problématique FLE dès que l'on adopte le point de vue individuel de l'apprenant. »[1]

Au-delà des apprentissages de l'oral et de l'écrit (objectifs à rapprocher de ceux développés dans le référentiel A.1.2), il s'agira de donner aux apprenants des clés leur permettant d'avancer dans la formation scolaire, universitaire ou professionnelle.

Il faut faire attention à l'attitude conservatrice de publics qui, peu à l'aise dans les apprentissages linguistiques guidés, se replient sur une vision très traditionnelle de l'approche des formes de la langue : c'est une question de culture éducative, il convient de la prendre en compte sans pour autant se laisser enfermer dans des attitudes que le formateur devra savoir faire évoluer.

1.2. Approches pédagogiques

Nous n'allons pas ici nous étendre sur l'histoire des méthodologies ou sur les méthodologues dont les idées pourraient s'appliquer à notre public. Le public migrant n'intéresse les chercheurs que depuis peu et leur formation se construit bien souvent dans l'urgence avec peu de moyens, ce qui implique un manque cruel de ce qu'on pourrait appeler les actions de « recherche et développement ». Il existe de nombreuses approches basées sur différents courants que l'on pourrait résumer sommairement ainsi :

---

1. MAURER B., *Français langue seconde*, Éditions Maisonneuve & Larousse, Paris, 2002.

– le courant des méthodes actives : on s'intéresse aux finalités de la formation et à ses articulations avec des pratiques sociales (prise en compte du projet de l'apprenant) ;
– l'approche par les objectifs : la formation est découpée en procédures contrôlables et se base sur les « invariants culturels »[1] ;
– l'approche centrée sur l'apprenant : l'apprenant est placé au cœur de l'apprentissage et la formation est adaptée à son rythme, à ses stratégies...

Dans la formation des migrants, ces trois courants sont à synthétiser pour mettre en place une pédagogie adaptée aux moyens des organismes de formation, aux besoins du public et aux demandes des financeurs.

Les deux dernières parties de notre ouvrage se voulant pratiques, nous proposons ici trois approches s'inspirant de ces courants et quelques exemples d'applications.

Méthodes « traditionnelles » ou approches par les compétences ?

Les formations FLE ou formations de formateurs dispensées par les universités proposent un module de didactique présentant les différentes méthodes pédagogiques. Nous ne pourrons déroger à la règle mais tâcherons d'être succincts.

– **Méthode grammaire-traduction**, cette méthode vient de l'enseignement des langues anciennes. L'enseignant traduit ce qu'il présente et donne des explications grammaticales à partir de phrases isolées. À partir de ce point de grammaire, il s'agit de faire des exercices d'application. Cette méthode ne donne pas de connaissances pratiques de la langue et n'est donc pas applicable avec le public migrant.

– **Méthode directe**, date du XIXe siècle : par opposition à la méthode grammaire-traduction, on apprend une langue étrangère comme sa langue maternelle par le bain linguistique, l'objectif étant la communication. C'est une méthode active, orale, globale et synthétique opérant par la gradation des apprentissages : oral, puis écrit, puis culturel. Cela donne bien souvent une langue artificielle éloignée de ce qu'attendent les publics migrants.

– **Méthode audio-orale** : elle s'appuie sur les théories du distributionnalisme et du behaviorisme (stimulus/réponse/renforcement) avec le développement des exercices structuraux et le travail de conditionnement en laboratoire de langues. Ce modèle est remis en cause car les apprenants, trop conditionnés, manquent de motivation et de créativité et s'ennuient, ce qui gêne fortement la progression.

---

1. MERIEU P., *Enseigner, scénario pour un métier nouveau*, ESF, Paris, 1989, p. 45.

– **Méthode structuro-globale audio-visuelle (SGAV)** : cette méthode s'appuie sur le français fondamental où la langue est découpée en unités minimales. Il s'agit de partir d'une situation globale et de repérer des éléments permettant de structurer la langue pas à pas. Beaucoup de moyens audio-visuels sont utilisés car l'image va servir de métalangue évitant ainsi de passer par la traduction. Les premiers cours ne reposent que sur l'oral, il faut attendre une soixantaine d'heures avant d'entrer dans l'écrit. C'est une méthode très sécurisante pour les enseignants, mais les apprenants se sentent un peu perdus, surtout au début. Si le recours à l'image et le travail de déduction demandé à l'apprenant sont très intéressants, la séparation de l'oral et de l'écrit sur une aussi longue période nous semble inadéquate avec le public migrant.

– **Méthode communicative** : cette méthode est basée sur la pragmatique, sur la psychologie cognitive et sur l'ethnographie de la communication. Il s'agit de répondre aux besoins des apprenants et de développer une compétence de communication. On va partir de documents authentiques, mettre l'accent sur le sens et non la forme et utiliser l'interaction entre apprenants comme moyen de connaissances (jeux de rôle, échanges d'informations...). L'accent est mis sur la communication mais au prix de la correction, ce qui empêche la mise en place du système de la langue. On retrouve un peu l'approche préconisée pour le niveau A1.1 et le DILF où la capacité à faire passer un message est évaluée malgré des incorrections syntaxiques ou grammaticales[1].

Toutes ces méthodologies relèvent d'approches de type globaliste (c'est-à-dire des approches qui traitent simultanément de tous les aspects de la compétence linguistique). Aucune ne semble convenir parfaitement au public migrant.

On peut y opposer les nouvelles approches par compétence telles qu'elles peuvent découler du CECR, dans lequel la langue est analysée et décrite en compétences spécifiques (parler, écouter, lire, écrire) et y associer le FOS (Français sur Objectifs Spécifiques), qui peut correspondre aux apprentissages en contexte professionnel[2].

On peut considérer que les approches en œuvre pour les publics de migrants sont un mixte d'approches communicatives, d'approches par compétence et de FOS dans un certain nombre de cas.

---

1. Pour une revue des méthodologies en usage en FLE, voir Henri BESSE, *Méthodes et pratiques des manuels de langue*, Éd. Didier, 1985.
2. Sur cette opposition approches globalistes ou approches par compétence, voir Jean-Claude BEACCO, *L'approche par compétences dans l'enseignement des langues*, Éd. Didier, 2007.

Approche communicative

L'apprentissage se déroule en référence aux principes de l'approche communicative. L'apprenant dans sa volonté d'échanger est au centre du processus d'apprentissage avec, comme théorie linguistique de référence, la linguistique pragmatique associée à l'analyse des besoins langagiers. S'agissant de faire de l'apprenant un « être communiquant » dans les situations courantes de la vie, la priorité est donnée à l'oral. L'approche communicative se base sur le contexte et le sens d'un énoncé en situation de communication. Elle pourrait se résumer au travers des points suivants :
– le droit à l'erreur (la transmission d'un message compréhensif est privilégiée par rapport à la maîtrise de structures grammaticales) ;
– l'interaction (importance de la dynamique de groupe, échanges et entraide entre apprenants) ;
– un parcours d'apprentissage basé sur une progression cohérente partant du connu pour aller vers l'inconnu ;
– l'authenticité (choix de documents authentiques) ;
– la centration sur l'apprenant en autonomie (l'apprenant choisit son parcours d'apprentissage aiguillé par le formateur) ;
– l'acquisition d'une compétence méthodologique (réflexion sur les stratégies d'apprentissage et sur la structure d'une langue en étudiant la syntaxe par inductions).

Il est important de développer la communication en cours entre les apprenants. Il s'agit alors de donner des techniques de prise de parole à l'apprenant et de garder à l'esprit que la langue est un moyen et non une fin. Ainsi, l'apprenant peut surmonter sa crainte de s'exprimer en langue cible et se concentrer sur le contenu sémantique lorsqu'il utilise la langue pour réaliser d'autres tâches.

Quelques exemples d'activités de groupe :
– utiliser un rétroprojecteur et faire les activités avec le groupe en renforçant les activités d'acquisition du vocabulaire par des simulations et des jeux de rôles ;
– faire cours en utilisant un site Internet en petits groupes d'apprenants pour illustrer un point de la leçon ;
– partir d'une activité, faire apparaître les règles de fonctionnement de la langue au travers des textes étudiés sur le support pédagogique ;
– engager des activités d'initiation à Internet pour préparer les apprenants à l'autonomisation en les faisant réfléchir sur l'ordre des séquences, les supports à sélectionner pour travailler telle ou telle compétence.

Approche socioconstructiviste

Tout apprentissage s'effectue par construction en fonction des représentations antérieures et des processus de rétroaction qui le modifient. Les données apprises sont en lien étroit avec le contexte social, avec ce que l'apprenant pense et avec les interactions qu'il aura avec les autres. Les points importants à retenir sont :
– diversité des tâches et hétérogénéité des publics pour confronter les idées ;
– conflit sociocognitif pour bouleverser les représentations antérieures ;
– restructuration pour comprendre de nouvelles données grâce au formateur et aux autres apprenants.

Cette approche peut être associée aux choix suivants :
▶ Accent mis sur l'apprentissage et les interactions
▶ Responsabilité partagée entre le formateur et le stagiaire
▶ Pédagogie du projet
▶ Construction individuelle du savoir
▶ Organisation des enseignements négociable en fonction des objectifs
▶ Situation d'apprentissage orientée vers le processus (savoir-faire, auto-évaluation...)
▶ Motivation interne (plaisir d'apprendre et de voir ses progrès)
▶ Évaluation formative (remédiation), voir le chapitre « Évaluer », p. 109.

Approche multi-sensorielle

Cette approche repose sur le fait que l'apprentissage d'une langue étrangère s'appuie sur différents sens afin de découvrir les stratégies d'apprentissage des apprenants : regarder, écouter, parler, écrire, toucher le clavier... Cette méthodologie s'inspire de celle utilisée par les maîtres E[1] dans le cadre du regroupement d'adaptation[2].

L'affect joue dans tout processus éducatif. Il faut essayer de valoriser les apprenants influencés par leurs expériences passées de l'échec ou par leurs attitudes vis-à-vis des locuteurs natifs. Le formateur va chercher à mettre en avant les stratégies d'apprentissage de chaque apprenant pour optimiser ses chances de réussite en isolant le sens le plus performant chez l'apprenant : est-il visuel ? auditif ?

---

1. Maître E : spécialiste des enseignements et des aides pédagogiques auprès des élèves en difficulté.
2. Le maître spécialisé a pour mission de mener des actions de remédiation afin d'éviter que les élèves en difficulté ne se retrouvent en échec scolaire.

Étant donné que les objectifs principaux des publics migrants sont des objectifs pratiques, la mise en situation peut se concrétiser par la manipulation d'objets du quotidien : téléphone, annuaire, aliments, figurines à l'effigie de personnages ou d'animaux...

S'agissant de développer l'écoute et la compréhension orale, l'utilisation de cassettes audio et vidéo bruitées et illustrées permettent une initiation aux phénomènes rythmiques et intonatifs. Il est important de commencer l'apprentissage par une phase réceptive de façon à sécuriser l'apprenant.

1.3. Modes d'apprentissage

Autoformation

Pour permettre de répondre aux demandes d'un public caractérisé par des besoins, des objectifs et des contraintes horaires différents, de bénéficier d'une formation en langue, l'apprentissage peut être axé sur l'auto-apprentissage. L'autoformation renvoie essentiellement à un public relevant du FLE. Les apprenants peuvent travailler seuls ou en binômes, ils bénéficient d'un suivi personnalisé tout au long de leur formation. Ils ne sont donc pas livrés à eux-mêmes.

L'apprenant doit pouvoir construire son parcours de formation dans la plus grande autonomie. Il doit développer les compétences nécessaires à l'autoformation : « tolérer l'incertitude », accepter de ne pas tout comprendre tout de suite, « établir un réseau de ressources », exploiter les ressources matérielles et humaines mises à sa disposition, « réfléchir sur et dans l'action » pour pouvoir réguler son apprentissage, « se connaître comme apprenant » et identifier ses manières de faire. « Sa capacité à apprendre rejoint sa manière d'être sur un plan social. Sa compétence à s'auto-former est liée à son autobiographie et à son projet de vie. »[1]

Lorsqu'il est impossible de constituer des groupes homogènes, l'autoformation est la solution la mieux adaptée.

L'auto-apprentissage peut être utilisé lors des cours de langues mais il peut être aussi très utile pour les migrants vivant en zone rurale ne pouvant se déplacer fréquemment et aisément jusqu'aux organismes de formation ou pour ceux qui exercent une activité professionnelle. Il s'adresse à des apprenants alphabétisés dans leur langue maternelle

---

1. ALBERO Brigitte, « Les centres de ressources langues : interfaces entre matérialité et virtualité », dans *Études de Linguistique Appliquée*, n° 112, octobre-décembre 1998, pp. 469-482.

et ayant déjà quelques connaissances en langue cible car il nous semble beaucoup plus difficile d'apprendre seul une langue totalement inconnue. L'auto-apprentissage ne signifie pas apprendre uniquement par soi-même, il convient d'aménager des temps de regroupements pour pratiquer la langue avec d'autres apprenants, réfléchir sur ses stratégies d'apprentissage et adapter sa progression individuelle aux objectifs fixés avec un formateur-conseiller.

Pour travailler en auto-apprentissage, il faudrait s'appuyer sur des carnets de bord individuels renvoyant à des fiches d'activités consultables à tout moment[1]. Le fait de laisser l'apprenant prendre en charge une partie de son apprentissage en définissant des objectifs et en choisissant les compétences à travailler est bénéfique et joue sur la confiance en soi. De plus, cette façon de gérer les apprentissages pourrait améliorer le suivi et la progression des stagiaires sur des dispositifs qui s'appuient bien souvent sur un système d'entrées et de sorties permanentes. L'étude de la langue se partagerait entre des cours en présentiel en petits groupes avec un formateur et l'apprentissage en tutorat balisé par des entretiens de conseil et soutenu en partie par les TICE[2]. Ces formations à la carte en libre accès ont deux objectifs principaux : apprendre à apprendre et acquérir une langue. Le module « apprendre à apprendre » est le point de départ d'une réflexion individuelle et collective sur différents aspects de l'apprentissage. Viser l'autonomie implique la prise en compte de la motivation, de la définition des objectifs, des contextes d'utilisation de la langue cible, des activités envisagées dans le parcours de l'apprenant : tout ce travail doit se faire en amont et doit se poursuivre lors des entretiens avec les formateurs ou lors des regroupements.

Module « apprendre à apprendre »

Formations gratuites, suivi social, aide à l'accès au monde du travail : autant de prestations qui offrent un cadre aux migrants, mais qui risquent également, selon certaines critiques, de faire passer les migrants pour des « assistés ». Pour éviter cet écueil, il faut insister sur la notion d'autonomie. L'autonomie est pour nous un concept-clé qui doit apparaître dans les formations dispensées sur le dispositif.

L'acquisition de stratégies d'apprentissage est au cœur de l'apprentissage, il en va de même pour ce qui concerne la remédiation cognitive : l'apprenant doit apprendre à apprendre. Cela va de pair avec l'acquisition de l'autonomie. Les différences de rythme d'apprentissage et les

---

1. Exemples donnés dans la dernière partie, p. 131.
2. Technologies de l'Information et de la Communication pour l'Enseignement.

contraintes horaires des stagiaires rendent souvent difficile l'organisation des formations. L'autonomisation a là encore un rôle à jouer : mettre en place des temps de formation en auto-apprentissage permettrait de réguler la vie du groupe. Dans cette optique, les apprenants sont invités à passer d'une attitude passive à une attitude active, ils sont acteurs de leur apprentissage. À ce titre, ils doivent apprendre à accepter la prise de risque : accepter d'être en insécurité linguistique, prendre le risque de ne pas être totalement compris ou de ne pas tout comprendre. Le formateur, quant à lui, dispense moins un enseignement qu'il ne dirige les apprenants dans leur appropriation de la langue et des savoirs socioculturels (savoir-faire et savoir-être). On est plus du côté de l'animateur, avec toutes les approximations, toutes les confusions linguistiques et langagières qui peuvent être suscitées chez les apprenants. Même si le formateur guide, il doit préparer le terrain sur lequel vont évoluer les apprenants pour que le parcours soit formateur.

Le module « apprendre à apprendre » est le point de départ d'une réflexion individuelle et collective sur différents aspects de l'apprentissage. Viser l'autonomie implique la prise en compte de la motivation, de la définition des objectifs, des contextes d'utilisation de la langue cible, des activités envisagées dans le parcours de l'apprenant : tout ce travail doit se faire en amont et doit se poursuivre lors des regroupements. Comme le souligne M.-J Barbot : « travailler en petits groupes constitue un outil sur lequel s'appuyer pour accélérer le passage à l'autonomie car le groupe sécurise et donne confiance. »[1]

Avec un public migrant débutant, ce module pourrait prendre la forme d'un atelier hebdomadaire en petits groupes (7 à 8 personnes). La première partie du module permettrait de travailler une compétence de façon ludique, par exemple la mémoire ou la conscience phonologique. La deuxième partie s'appuierait sur le cahier de bord des stagiaires (étant donné que chaque apprenant note sur son cahier ce qu'il a fait pendant la semaine, ses acquisitions et ses difficultés) : il s'agit de relever les difficultés rencontrées, d'essayer de comprendre ce qui n'a pas fonctionné et d'utiliser les points étudiés en première partie pour appréhender la notion non-acquise. Cet atelier peut fonctionner en sens inverse : partir des difficultés pour étudier une compétence, tout dépend du temps de préparation dont dispose le formateur et de sa connaissance personnelle des stagiaires.

Si l'on s'appuie sur le CECR et plus particulièrement sur le référentiel A1.1, la composante « apprendre à apprendre » est indispensable : le

---

1. BARBOT M.-J., *Les auto-apprentissages*, CLÉ International, Paris, 2000.

formateur guide l'apprenant et l'encourage à déduire les régularités et les principes de fonctionnement de la langue en observant des corpus. Apprendre à apprendre, c'est :
- Mobiliser ses ressources cognitives
- Éveiller la conscience phonologique
- Accepter et faire abstraction du reste (problèmes personnels…) pour pouvoir apprendre
- Réaliser que la salle de cours n'est pas le seul lieu d'apprentissage
- Être conscient pour l'apprenant qu'il sait déjà plein de choses
- Apprendre à associer, organiser et catégoriser
- Utiliser ses connaissances au bon moment
- Faire des choix, etc.

Individualisation

L'individualisation est mise en œuvre selon différents modes de formation, qu'il s'agisse de pédagogie de groupe ou d'autoformation.

Une procédure d'individualisation repose sur trois étapes importantes :
– l'élaboration d'un plan individuel de formation où les objectifs et les possibilités du bénéficiaire sont étudiés en lien avec les offres de formation disponibles ;
– le choix d'un itinéraire d'apprentissage dans lequel la progression, le profil d'apprentissage et le rythme sont pris en compte et analysés ;
– le développement de l'autonomie en formation où différentes formes d'accès aux ressources sont proposées : tutorat, guidance, auto-formation…

Pour individualiser au mieux les parcours de formation, il faut veiller à accroître l'autonomie des bénéficiaires.

Un entretien d'accueil en début de formation est capital car c'est à ce moment que ces trois étapes sont amorcées. En choisissant des objectifs à atteindre, en prenant conscience de ses possibilités et en signant un contrat d'engagement, le bénéficiaire se lance dans un parcours individualisé où il est acteur de sa formation.

2. Outils pédagogiques et éditeurs

2.1. Matériel et édition

Lacunes

En France, le manque de programmes de formation pour les adultes migrants se ressent en matière de production de matériel pédagogique. La confusion entre les publics pousse parfois certains formateurs à faire des choix parfois hâtifs en matière de manuels. Les méthodes d'alphabétisation et de lutte contre l'illettrisme étant peu nombreuses, souvent vieillottes et pas toujours adaptées, il n'est pas rare de trouver des méthodes de lecture pour CP dans les cours renvoyant à nouveau les stagiaires dans un univers infantilisant. Beaucoup de formateurs s'appuient sur les méthodes de FLE, mais celles existant sur le marché ne sont pas adaptées aux migrants qui ne se reconnaissent pas en elles. En effet, les sujets abordés sont bien éloignés des centres d'intérêt et des préoccupations des migrants, surtout au niveau débutant et intermédiaire. Ils ne répondent pas aux besoins premiers des migrants : la découverte de l'environnement quotidien, les administrations, l'organisation du temps. Ces enseignements sont pourtant nécessaires aux apprenants dans leur vie quotidienne.

Si les supports utilisés et les activités proposées dans les manuels ne conviennent pas toujours à l'apprentissage des migrants, il va de même pour les situations de communication, souvent trop éloignées de la réalité des apprenants pour que ceux-ci arrivent à s'identifier aux personnages. La progression proposée dans ces manuels est toutefois satisfaisante et les formateurs n'hésitent pas à la suivre.

Globalement, les formateurs font souvent du bricolage avec les outils pédagogiques à leur disposition afin de concevoir des cours cohérents répondant aux attentes et besoins des apprenants, tant au point de vue linguistique qu'au point de vue social et culturel. Beaucoup de documents authentiques de la vie quotidienne sont utilisés et stockés dans une banque de données renouvelée régulièrement. Il existe un certain nombre d'outils pédagogiques qui ont été réalisés par les formateurs de certains centres de formation pour leurs propres besoins, afin de pallier les carences. Ces outils étant diffusés dans un circuit de distribution restreint, ils ne sont pas largement utilisés.

Recherche et développement

Nous pouvons nous interroger sur l'absence d'outils spécifiques pour les publics migrants de niveau élémentaire. Il ne s'agit pas d'un marché insuffisant et la demande de formation est réelle. Ce manque vient-il d'interrogations concernant la nature des outils à concevoir ou bien d'une inquiétude à propos de la rentabilité d'éditer du matériel pour un public dont le pouvoir d'achat est très bas ? Il s'agirait plutôt d'une certaine difficulté à aborder avec toutes les connaissances et tout le sérieux requis les compétences de base auprès de publics ne relevant pas de cultures savantes. Ces obstacles commencent à être levés. Il s'est écoulé cinq années entre l'annonce de la mise en place du contrat d'accueil et d'intégration (CAI) et le réveil des grandes maisons d'édition, à l'exception de CLÉ International qui a lancé rapidement la méthode « Trait d'Union »[1]. Les éditeurs font appel, d'une part, à de grands noms de la didactique des langues et, d'autre part, à des acteurs de terrain (formateurs et responsables pédagogiques) pour créer du matériel pédagogique.

Depuis la mise en place des contrats ou conventions d'intégration, plusieurs colloques et conférences sur la formation des migrants ont été tenus. De plus en plus d'ouvrages spécifiques sont à présent disponibles dans le commerce. L'utilisation du nouveau référentiel et la naissance d'une certification permettront sûrement d'enrichir la production pédagogique.

2.2. Les outils utilisés

Leurs fonctions

Les outils utilisés peuvent avoir différentes fonctions.
- **Fonction administrative** : il est nécessaire d'avoir des outils de suivi administratif des stagiaires (formulaires, tableau d'heures...) de façon à les suivre de leur inscription à leur sortie de formation. Les dispositifs de formation étant soumis au contrôle de l'administration, il est important de pouvoir rendre des comptes.
- **Fonction informative** : il est très utile d'avoir, dans les centres de formation, des fichiers de critères de sélection des ressources. Ceux-ci sont pratiques d'utilisation grâce à leurs nombreuses entrées : titre, support, niveau, catégorie, objectif de travail, type d'exercice, thèmes, mots-clés, aides, débit et accent (pour les documents d'écoute). Un calendrier des activités culturelles, du programme des séances de groupe ainsi que des formations complémentaires doit être disponible à l'accueil.
- **Fonction socialisante** : au sein d'un centre de formation, il est important d'aménager un espace « pause-café » à cette fin. Cet espace a une fonction socialisante puisque c'est un espace convivial où l'on peut se retrouver après les différentes séances et échanger. Les apprenants peuvent aussi y trouver des informations sur les lieux où pratiquer le français, sur les sorties de films, etc., enfin tout ce qui peut inciter les apprenants à chercher de nouvelles ressources dans leur environnement.

---

[1]. *Trait d'Union* (Verdier et alii), CLÉ International, 2005 + livre de lecture à destination du public CAI pour adolescents et adultes.

Types d'outils

- **Outil de suivi pédagogique**

Cet outil peut être remis lors d'un entretien d'accueil. Il reste sur le site de formation et est complété à la fin de chaque séance. L'apprenant l'emporte en fin de parcours. Cet outil permet de compiler toutes les informations relatives au parcours de formation de chaque bénéficiaire. Il est le témoin des progrès du bénéficiaire et une aide précieuse pour le suivi organisé par les formateurs. Cet outil est le support privilégié des entretiens d'accueil et de conseil ainsi que du module « apprendre à apprendre » où chaque bénéficiaire est amené à réfléchir sur son apprentissage.

Voici un exemple d'outil utilisé en organisme de formation, il est composé de la manière suivante :
– le préambule reprend les objectifs de cet outil ainsi que sa notice d'utilisation ;
– la première page de ce livret contient toutes les informations nécessaires au recensement du stagiaire à savoir l'identité, la prescription, l'orientation, les étapes du parcours en formation ;
– la feuille de route est découpée en plusieurs parties nécessaires à l'individualisation du parcours : la biographie langagière, le profil d'apprentissage, les besoins et les objectifs et le parcours proposé. Elle correspond aux contenus du portfolio des langues du Conseil de l'Europe ;
– le contrat de formation reprend les engagements des deux partis ;
– le carnet de bord comprend une partie évaluative et une partie « séquences pédagogiques » où le bénéficiaire note séance après séance tout ce qu'il fait. Pour les débutants qui ne maîtrisent pas suffisamment la langue, on peut ajouter des symboles à cocher pour faciliter le suivi et rendre les stagiaires plus autonomes dès le début de la formation.

- **Outil de suivi de présence**

L'apprenant peut remplir et signer une feuille d'émargement en fin de séance.

- **Le carnet de bord des formateurs**

En fin de séance, les formateurs notent les objectifs, les activités et les ressources utilisées sur ce carnet de façon à garder une trace de tout ce qui a été fait avec chaque groupe. Lors des réunions pédagogiques, ce carnet est un outil précieux qui permet d'échanger sur les pratiques de façon à capitaliser et à mutualiser les savoirs.

- **La plate-forme collaborative**

Il s'agit d'un outil à mi-chemin entre la boîte électronique et le site Internet. Cette plate-forme est un espace d'information et de mutualisation. Elle s'adresse à tous les membres d'un centre de formation qui interviennent sur le volet pédagogique du dispositif. Chaque activité sur la plate-forme (nouveau membre, message envoyé, fichier déposé, date de réunion) est signalée par un message envoyé à chacun des membres. Ainsi, aucune information ne peut échapper à la vigilance de chacun.

2.3. Ressources pédagogiques[1]

Diversité

Pour répondre à la diversité des besoins des apprenants, il faut constituer un centre de ressources riche en ouvrages FLE et FLS. Nous distinguons ces deux courants par les publics concernés ainsi que par les données didactiques apportées.

Le FLE s'applique aux apprenants pour qui le français est une langue étrangère dans leur pays d'origine sans statut particulier. Le FLE met l'accent sur l'utilisation de la langue maternelle pour construire une nouvelle langue, part des besoins langagiers des apprenants et prend en compte la phase d'interlangue où l'erreur est conçue comme une étape positive dans l'acquisition de la langue 2. Le FLS s'applique aux apprenants venant de pays où le français a un statut et est pratiqué.

Les centres de formation doivent également posséder des outils spécifiques aux publics relevant de l'alphabétisation. Pour enrichir le centre de ressources, il faut également penser aux ouvrages en FLM, aux dictionnaires, aux ouvrages culturels présentant l'histoire, les us et coutumes en France ainsi qu'aux manuels utilisés dans les pays francophones.

Enfin, pour des publics s'installant durablement dans le pays d'accueil, il est indispensable d'avoir une banque de documents authentiques : formulaires divers (CAF, médecin traitant, cartes de bus...), factures, fiche ROM pour les métiers, carte de médiathèque, titre de séjour, contrat d'assurances, constat à l'amiable, prospectus culturels, bulletins scolaires, carnet de correspondance, catalogues de vente par correspondance, magazines publicitaires pour les supermarchés... ainsi que des objets pouvant être utilisés pour des simulations globales ou jeux de rôle : téléphone, ustensiles de cuisine...

---

[1]. Liste non exhaustive : la plupart des ressources proposées se déclinent sur différents niveaux de débutant à avancé.

Quelques exemples de ressources

Ci-dessous, vous trouverez quelques exemples de ressources classées par types de supports. Les ressources sur la toile permettent de constituer une banque de données très riche.

1. Méthodes (livre de l'élève + guide pédagogique)

- Grands adolescents et adultes

– *Forum I, II, III* (Baylon, Murillo, Tost-Planet, Campa, Mestreit), Hachette, 2003, pour adolescents et adultes : développe les compétences de savoir, savoir-faire, savoir-être et savoir-apprendre ; communication globale, dimension affective de l'apprentissage, autonomie, interculturel ; avec un carnet de route renforçant l'autonomie de l'apprenant ; répond aux recommandations du cadre européen.

– *Trait d'Union* (Verdier...), CLÉ International + livre de lecture à destination du public CAI pour adolescents et adultes : méthode d'apprentissage du français pour des débutants non ou peu lecteurs/scripteurs.

– *Reflets I* (Capelle, Gidon), Hachette, 1999 : cette méthode intègre parfaitement les rapports de l'écrit, de la vidéo et de l'audio grâce à des documents conçus et réalisés spécifiquement en fonction d'une triple progression culturelle, grammaticale et communicative pour adolescents et adultes.

- Enfants et jeunes adolescents

– *Tatou le matou* (Chappey), Hachette, 2002 : méthode pour enfants mettant l'accent sur l'oral, à utiliser avec CD audio.

– *Grenadine* (Poletti, Paccagnino), Hachette, 2003 : méthode pour enfants au primaire (une histoire avec de la magie et de l'humour).

– *Langage en Fête* (Collectif), EDICEF, Vanves, 2003 : méthode pour les 5-8 ans : phonétique, jeux, comptines...

– *Apprendre à lire avec Alex et Zoé* (Quinson, Rambaud, Subtil), CLÉ International, 2006 : méthode de lecture et d'écriture pour enfants FLS.

– *Les couleurs du français* (Buhler, Bouvier, Durand, Genlis, Liautard, Taravella), Hachette, 1999 : ouvrage de FLM maîtrise de la langue cycle 3.

– *Et toi ?* (Lopez, le Bougnec), Didier, 2007 : méthode visant à l'acquisition des cinq compétences du CECR, une démarche s'appuyant sur la découverte.

– *Les nouveaux champions en français* (Collectif), EDICEF, Vanves, 2006 : méthodes pour le primaire.

– *Entrée en matière* (Cevroni, Chnane-Davin, Ferreira-Pinto), Hachette, 2006 : méthode pour adolescents permettant d'intégrer les jeunes étrangers dans le système scolaire français ; approche progressive FLE/FLS/FLM et une simulation globale.

2. Usuels et grammaire

– *Grammaire pratique du français en 80 fiches* (Delatour, Jennepin, Léon-Dufour, Teyssier), Hachette : une grammaire pour débutants.
– *Dictionnaire des synonymes*, Larousse.
– *Dictionnaire encyclopédique en couleurs*, Hachette.
– *Gramm'ado* (Alliance Française), Didier, 2003.
– *Les 500 exercices de grammaire* (Akyüz, Bazelle-Shahmaei, Bonenfant, Gliemann) niveaux A1 et A2, Hachette, 2006 : observation active de la règle, entrainement intensif et bilan pour les niveaux A1 et A2 du CECR (s'agissant d'une collection, il en existe pour les autres niveaux).
– *Exercices de grammaire en contexte* (Akyüz, Bazelle-Shahmaei, Bonenfant, Falment, Lacroix, Moriot, Renaudineau), Hachette, 2000 : des exercices systématiques accessibles à des débutants.

3. Cédéroms

– *Funambule*, Didier, 2000 : acquérir le français de base des situations quotidiennes.
– *LTV français*, Jeriko : s'entraîner à la compréhension auditive.
– *Jeuxgram*, TNT : exercices sur la lecture, l'écriture, la grammaire et l'orthographe (entraînement et auto-évaluation).
– *Reflets I*, Hachette : activités sur la vidéo, sur le vocabulaire et les actes de parole.

4. Logiciels ou démos en ligne

– *Lectra*, Michel Brun (exercices de lecture).
– *Story-Write*, Michel Brun (écriture d'histoires).
– *Hot Potatoes* (générateur d'exercices).
– *Cryptex*, G. Chomel.
– *Écritures automatiques*, F. Mangenot.
– *Pour écrire un mot*, F. Mangenot.

5. Vidéos

– *Forum Images* (Villiot), Hachette, 2004 : mettre en évidence les aspects non-verbaux de la communication, la gestuelle, les mimiques et les attitudes et prendre en compte l'importance de la situation, des relations et de l'aspect culturel dans la communication.
– *Visages de la France* (Monnerie, Rey), Didier : deux cassettes vidéo présentent onze sujets spécialement réalisés pour le cours de civilisation : *les Français par eux-mêmes* (52 minutes) et *Découverte d'un pays* (52 minutes).

Visitez les sites des grandes chaînes de télévision qui proposent des vidéos comportant des documentaires, des émissions culturelles, des clips musicaux ou des mini-séries à partir desquelles il est très intéressant et motivant de travailler (www.france5.fr ; www.TV5.fr ; www.rfi.fr ; www.metrofrance.fr, etc.).

6. Audio (cd, K7)
– *Conversations pratiques à l'oral* (Martins, Mabilat), Didier : expressions idiomatiques imagées ; notes culturelles et linguistiques.
– *Guide pratique de la communication* (Chamberlain, Steele), Didier : travail personnel pour approfondir ou vérifier ses connaissances.
– *Phonétique en 350 exercices* (Abry, Chalaron), Hachette.
– *Bien entendu !* (Siréjol, Tempesta), collection Didier labo : niveau débutant ou intermédiaire pour améliorer les compétences à l'oral.
– *Communiquer en français* (Porquier, Cicurel, Guimbretière), Didier : entraînement à la compétence de communication.

7. Exercices
– *Vocabulaire illustré : 350 exercices* (Prouillac, Watcyn-Jones), Hachette, 1992 : 3 niveaux pour approfondir son lexique.
– Collection « Exercices en contexte » (Eurocentres Paris), Hachette : grammaire et vocabulaire pour progresser rapidement en autonomie.
– Collection « Français exercices », collection « Chouette » de Hatier.
– *Les mots de Nemo* (Denisot, Piquet), Hachette, 2004 : cahier de lecture suivie pour les 7-10 ans.
– *Documents authentiques écrits* (Boiron, Rodier), CLÉ International, 1998 : fichier photocopiable sur la vie culturelle en France, la publicité.

8. Civilisation
– *Savoir vivre avec les Français* (Grand-Clément), Hachette, 2004.
– *Le cahier du citoyen* (Defebvre), Hachette Éducation, 2005.
– *Civilisation progressive de la francophonie* (Noutchié-Njiké), CLÉ International, 2003.

9. Didactique
– *De la vidéo à Internet : 80 activités thématiques* (T. Lancien), Hachette, 2004.
– *Jouer, communiquer, apprendre* (F. Weiss), Hachette, 2008.
– *Les simulations globales, mode d'emploi* (Debyser, Yaiche), Hachette, 1996.
– *80 fiches pour la production orale en classe de FLE* (Pacthod, Roux), Didier, 2004.
– *Les difficultés du français* (Robert), Hachette, 2002.
– *L'approche par compétences enseignées au CECRL* (J.-C. Beacco), Didier, 2007.

– *Les outils du conseil de l'Europe en classe de langue* (F. Goullier), Didier, 2006.
– *Photos-expressions* (F. Yaiche), Hachette, 2002 : 70 photos associées à 50 activités de communication.
– *Exercices systématiques de prononciation française* (M. Léon), Hachette, 2003 : cet ouvrage est très intéressant car l'auteur propose une approche générale mais également des activités spécifiques par langues maternelles.

10. FOS

– *Secrétariat.com* (E. Dail), CLÉ International, 2005.
– *Santé-médecine.com* (Mourlhon-Dailes, Tolas), CLÉ International, 2005.
– *Trait d'Union : insertion professionnelle* (Verdier), CLÉ International, 2005.
– *Objectif Express* (Dubois, Tauzin), Hachette, 2005 : cours intensif pour adultes en situation professionnelle ou se préparant à la vie active.

11. Sites de ressources en ligne

Nous n'avons classé ces sites ni par thématiques ni par entrées car la plupart proposent différents parcours, différentes approches et différents niveaux :
– www.fle.fr : en allant sur la partie « lien » vous trouverez des sites spécifiques d'après la langue maternelle des stagiaires
– www.lepointdufle.net : annuaire des sites de ressources FLE
– www.fle.asso.free.fr : recueil de liens pour étudiants et enseignants FLE
– www.polarfle.com : apprendre autour d'une intrigue policière
– www.bonjourdefrance.org : site ludique proposant plusieurs niveaux
– www.lexiquefle.free.fr : travailler le vocabulaire en images et avec du son
– www.apprendre-le-français.com : apprentissage tutoré de FLE (Alliance française)
– www.peinturefle.free.fr : apprendre autour des couleurs
– www.TV5.org : site de TV5 très riche en informations culturelles, activités autour de l'actualité, clips en musique, parcours enseignants et parcours apprenants
– www.françaisfacile.com : tests de niveaux, exercices, jeux, documents audio
– www.francparler.org : site des professeurs de français (francophonie)
– www.ortholud.com : site utilisable pour Alpha débutant (association mots-images, sons...)
– www.lire-français.com : atelier d'écriture, citations, jeux de mots et lien vers un site d'échanges sur la linguistique

- www.cafe.edu : cours autodidactique de français éducatif
- www.linguascope.com: vocabulaire et grammaire classés par thèmes
- www.jeudeloie.free.fr : apprendre en s'amusant au jeu de l'oie
- www.campuselectronique.tm.fr : test de FLE en 45 minutes
- http://www.francofil.net/fr/fle_fr.html : FLE/FLS
- http://www.lefrancais.com/ : FLE/FLS
- http://noe-education.org/D145.php : le français dans les disciplines scolaires
- http://www.educasources.education.fr/ : à destination des enseignants scolaires
- http://ntic.org/guider/textes/fle.html : promotion des NTIC pour le FLE et le FLS
- http://www.1001feuilles.com (FLE/FLS/FLM)
- www.cartables.net (public scolaire)

12. Sites des éditeurs d'ouvrages et outils multimédia
- Hachette FLE : www.hachettefle.fr
- CLÉ International : www.cle-inter.com
- Le Français dans le monde : www.fdlm.org
- Éditions Didier : www.didierfle.com
- Jeriko : www.jeriko.fr et www.jeriko.com
- Neuroconcept : www.neuroconcept.com
- Druide informatique : www.druide.com

13. Sites d'enseignants (ressources pédagogiques internationales et partage d'expériences en ligne)
- www.metiersdufle.zeblog.com : site du collectif « FLE attaque » pour le FLE, le FLS et l'alphabétisation
- www.flezemerveilles.canalblog.com : blog d'activités et d'échanges d'expériences
- http://pedagogie.ac-toulouse.fr/ariege-education/fle/ : site de l'académie de Toulouse
- http://fleasso.club.fr/infoproffle/index.htm : site de l'association nationale des professeurs de français (colloques, séminaires...)
- http://perso.orange.fr/fle-sitographie/ : site de T. Lebeaupin proposant des projets de FOAD et un travail collaboratif en FLE et FLS
- http://platea.pntic.mec.es/~cvera/ressources/recursosfrances.htm : site de Carmen Vera Perez, Escuela Oficial de Idiomas de Hellín (Albacete)
- http://www.ph-ludwigsburg.de/html/2b-frnz-s-01/overmann/baf3/ : site français-allemand de Manfred Overmann
- http://www.oasisfle.com : site algérien

N'oublions pas les référentiels cités dans la partie suivante ainsi que les ouvrages d'entraînement aux DELF et DALF tels que :
– *Activités A1, A2, B1, B2, C1-C2* (Corsain, Grandet, Parizet, Poisonn-Quinton, Kobert-Kleiner, Rainoldi, Mineni), CLÉ International, 2006.
– *DELF scolaire et junior A1, A2, B1* (Jamet), Hachette.
– *Collection Réussir le DELF/DALF* (nouvelle édition 2006), Didier, tous niveaux.

Dans cette liste non-exhaustive, nous souhaitons mettre l'accent sur certaines ressources que nous avons pu utiliser quotidiennement.

Tout d'abord, un mot sur la collection « Trait d'Union », le premier volume évoque toutes les thématiques liées au quotidien des migrants : la formation linguistique, les papiers relatifs à l'identité, l'installation, l'entretien d'embauche, la sécurité routière... Toutes ces thématiques découpées en unités se terminent par des témoignages d'étrangers installés en France. Les exercices proposés pour apprendre la langue orale ne reposent que sur des activités d'écoute et de répétition, ce qui demanderait certainement à être diversifié. L'usage de la BD qui ouvre chaque chapitre peut désorienter certains apprenants qui hésitent quant au sens de la lecture. Le volume 2 est plus intéressant mais il s'a-dresse à un public maîtrisant déjà le système graphique : la partie civi-lisation et les fiches d'activité pratiques avec les différentes proposi-tions de reformulation sont particulièrement pertinentes. Les fichiers d'activité « insertion professionnelle » et « citoyenneté » sont très bien faits et offrent une série d'exercices en situation avec des reproductions de documents authentiques (courrier Assedic, offre ANPE...) et des exer-cices de compréhension orale faciles à utiliser. C'est la collection qui, dans son intégralité, est aujourd'hui la plus appropriée mais elle reste insuffisante pour un public analphabète.

La vidéo « Forum Images » et son livret est très intéressante car elle propose un travail sur l'image où la kinésie et le langage du corps sont expliqués en contexte de façon très claire en suivant une sitcom. Imaginer les dialogues en visionnant sans le son, interpréter les attitu-des et les mimiques, autant d'activités sympathiques qui permettent de travailler l'interculturel et de réfléchir sur sa grille de lecture de la société d'accueil.

Toute la collection « Exercices en contexte » est très bien faite et per-met de disposer d'un large éventail d'exercices permettant de travailler un même point de grammaire en proposant des activités de difficulté différente à un groupe d'apprenants hétérogène par exemple.

Pour la dynamique de groupe et la mise en place d'activités ludiques, « Jouer, communiquer, apprendre » est un ouvrage fourmillant d'idées.

La plupart des sites FLE/FLS cités sont très bien faits et permettent de travailler en auto-formation ou d'imprimer des exercices à réaliser en face-à-face. Il existe un nombre important de sites, c'est à chaque formateur de faire son choix en fonction de la qualité des interfaces, de la variété des activités, de la pertinence des supports... Il faut aussi penser à utiliser tous les sites des administrations pour permettre aux migrants de se familiariser avec les nombreux formulaires en ligne.

Le site de TV5 (www.TV5.org) est également très riche, il comprend des exercices en ligne à utiliser en auto-apprentissage notamment de la compréhension orale à partir d'un journal en français facile. Il y a une banque de clips vidéo très bien choisis permettant de travailler la compréhension orale, de se familiariser avec les chanteurs français et, pour les débutants, des exercices de repérage à partir des images peuvent être proposés.

Aucune méthode ne peut être suivie de bout en bout. Avec des publics aussi hétérogènes, le plus simple est de définir un calendrier thématique (d'après les thèmes proposés par le CECR) et suivre la progression grammaticale habilement décomposée dans le référentiel de l'Alliance française[1]. À partir des besoins et des centres d'intérêt des apprenants, le formateur sélectionne ensuite les outils pédagogiques les plus pertinents.

3. Référentiels et diplômes

3.1. Évaluer

Qu'est-ce qu'évaluer ?

L'évaluation est un mode de régulation des enseignements. Il ne s'agit pas ici d'évaluer le contenu des cours mais bien la progression des apprentissages. Il faut distinguer quatre étapes dans l'évaluation :
– déterminer les modalités et buts de l'évaluation ;
– traiter les données sous une forme préétablie (QCM, exposé...) ;
– apprécier les données recueillies (note, symbole, commentaire, niveau...) ;
– décider de la suite du parcours de formation en fonction des objectifs fixés au départ.

L'évaluation correspond à une intention et suppose des objectifs. Pour D. Lussier, évaluer « c'est examiner le degré d'adéquation entre un ensemble d'informations et un ensemble de critères adéquats à l'objectif qu'on s'est fixé. »[2]

---

1. Alliance française, *Référentiel pour le cadre européen commun*, CLÉ International, 2007.
2. *Évaluer les apprentissages dans une approche communicative*, Hachette, Coll. F, 1992.

Types d'évaluation

Il y a différents types d'évaluation :
– l'évaluation de l'aptitude porte sur les chances de réussite d'un apprenant en formation au regard de son expérience, de ses compétences et de ses motivations ;
– l'évaluation des progrès sert à mesurer le degré d'assimilation des apprentissages, elle correspond à une phase de bilan ou de révision et peut être réalisée à mi-parcours ;
– l'évaluation de contrôle sert à mesurer le degré d'assimilation des apprentissages sur l'ensemble d'un parcours de formation, elle peut être matérialisée par une attestation ou un diplôme ;
– l'évaluation du niveau ne permet pas de valider des compétences mais de placer les apprenants aux profils similaires dans des groupes de travail ;
– l'auto-évaluation est quotidienne pour les migrants installés à l'étranger, elle se produit à chaque interaction avec un locuteur natif qui renvoie à l'apprenant l'image de son niveau d'apprentissage.

Ces différents types d'évaluation doivent être mis en place dans le parcours de formation des migrants.

Le CECRL propose une liste non exhaustive de types d'évaluation et de paramètres :

1	évaluation du savoir	évaluation de la capacité	atteinte des objectifs
2	évaluation normative	évaluation critériée	classement des apprenants les uns par rapport aux autres ou évaluation d'un apprenant selon sa propre capacité
3	maîtrise	continuum ou suivi	compétences acquises ou en cours d'acquisitions
4	évaluation continue	évaluation ponctuelle	tout au long du parcours ou à date donnée
5	évaluation formative	évaluation sommative	points forts et points faibles de l'apprenant vérifiés régulièrement pour modifier la formation ou évaluation finale donnant une note et un rang
6	évaluation directe	évaluation indirecte	observation de ce que le stagiaire est en train de faire par le formateur ou test d'évaluation des potentialités
7	évaluation de la performance	évaluation des connaissances	production de discours ou réponse à des questions sur la langue
8	évaluation subjective	évaluation objective	par un examinateur ou via un QCM

9	évaluation sur une échelle	évaluation sur une liste de contrôle	sur une échelle de plusieurs niveaux ou selon une liste de points par niveau
10	jugement fondé sur l'impression	jugement guidé	sans aucune référence à des critères ou d'après une liste de contrôle
11	évaluation holistique	évaluation analytique	jugement global ou détail de différents aspects
12	évaluation par série	évaluation par catégorie	sur plusieurs tâches ou sur une seule
13	évaluation mutuelle	auto-évaluation	jugement porté par l'examinateur ou par l'apprenant lui-même

Le chapitre 9 du CECRL décrit chacune de ces évaluations et en précise les paramètres. C'est aux formateurs et aux examinateurs du public migrant de déterminer le ou les types d'évaluation à utiliser en fonction de la situation. Pour faire un choix, il faut se poser les questions suivantes :
– Quel est le mode d'évaluation le mieux approprié aux apprenants par rapport à leur culture éducative ?
– Quel est le plus productif pour la formation des enseignants ?
– L'évaluation tiendra-t-elle compte seulement de critères ou également de la norme (en fonction du groupe dans lequel se trouve l'apprenant) ?
– Est-il judicieux de mettre en place un contrôle continu ?
– Quel est le mode d'évaluation qui les prépare le mieux à la vie quotidienne ?
– Quel est celui qui rend l'apprenant le plus actif possible ?
– Quel est celui qui permettra de rectifier rapidement la suite de la formation en cas de progrès rapides ou au contraire de difficultés d'apprentissage ? Etc.

Il faut choisir un référentiel et étudier les descripteurs des différentes compétences si l'on souhaite ensuite élaborer une évaluation.

Évaluer sur les dispositifs de formation des migrants

L'évaluation est une étape délicate et incontournable dans un parcours de formation. Sur la majorité des dispositifs, une évaluation est réalisée en début de parcours, afin de placer l'apprenant dans un cours adapté, de fixer les objectifs à atteindre et de choisir la pédagogie adéquate, et, enfin, afin de vérifier la progression et de valider éventuellement les acquis. Cette évaluation est réalisée par les prestataires BPEL, sa forme varie d'un département à l'autre puisqu'il n'y a aucun document imposé ; chaque organisme travaille avec les outils qu'il a lui-même créés ou sélectionnés.

En France, ce type d'évaluation est organisé par des prestataires choisis par l'État au moment de l'accueil à l'ANAEM, à mi-parcours pour modifier la prescription en termes de durée et de rythme et en fin de formation dans le centre de formation pour la remise ou non d'une attestation.

Il n'y a pas de documents imposés, d'où certains décalages dans le choix des niveaux des apprenants.

Les référentiels proposent des exemples d'évaluation mais rien n'est obligatoire à ce jour.

Dans l'Éducation nationale, les CIO et les CASNAV possèdent également des outils d'évaluation pour les jeunes. Le B.O. d'avril 2002 donne les informations suivantes sur l'évaluation :

> « Tout élève nouvellement arrivé en France doit pouvoir bénéficier d'une évaluation qui mette en évidence :
> – ses savoir-faire en langue française, pour déterminer s'il est un débutant complet ou s'il maîtrise des éléments du français parlé ou écrit ;
> – ses compétences scolaires construites dans sa langue de scolarisation antérieure et son degré de familiarité avec l'écrit scolaire (on pourra s'appuyer en particulier sur des exercices en langue première de scolarisation) ;
> – ses savoirs d'expérience dans différents domaines, ainsi que ses intérêts, qui peuvent constituer des points d'appui pédagogiques importants.
> Il est indispensable en effet de connaître, pour ces élèves, leur degré de familiarisation avec l'écrit quelque soit le système d'écriture et leur degré de maîtrise dans certaines disciplines (mathématiques par exemple...). Les résultats de ces évaluations permettront d'élaborer les réponses pédagogiques les mieux adaptées au profil de chacun d'entre eux. Une certaine souplesse s'impose en matière d'appréciation des années de retard, en regard des compétences mises en jeu et des efforts consentis. Un retard d'un an, voire de deux ans, chez certains élèves ne constitue pas un obstacle dans un cursus de scolarisation longue.
>
> **Dans le premier degré**
> À l'école élémentaire, c'est dans le cadre du cycle correspondant à la classe d'âge de l'écolier arrivant que cette évaluation doit être menée, avec le concours du maître de la classe d'initiation, s'il y en une dans le groupe scolaire, l'aide du CASNAV et, si besoin, celle du réseau d'aides spécialisées aux élèves en difficulté.
>
> .../...

.../...

Dans le second degré

En fonction du nombre d'élèves à accueillir dans un même espace en général urbanisé, les centres de formation et d'information seront mobilisés, soit de manière déconcentrée, soit au sein de cellules d'accueil qui peuvent être mises en place dans les inspections académiques. Les CASNAV doivent apporter leur contribution active à ces cellules d'accueil tant par leur présence effective que comme centres de ressources susceptibles de mettre à disposition des outils d'évaluation adaptés. Pour les élèves de plus de 16 ans, les cellules d'accueil peuvent en outre faire appel aux coordonnateurs des missions générales d'insertion.

L'équipe chargée de cette évaluation devra transmettre les résultats aux enseignants qui auront à les accueillir. L'affectation devra tenir compte, d'une part, du profil scolaire de l'élève établi par les évaluations et, d'autre part, des possibilités d'accueil adaptées, à une distance raisonnable du domicile. Le délai entre la date d'inscription de l'élève auprès des services de l'Éducation nationale et son affectation effective dans un établissement ne doit pas excéder un mois. »

Éléments de Bibliographie :
– Claire GRIMALDI (coord.), Accueillir les élèves étrangers, Coll. « Villes plurielles », L'Harmattan-La Licorne, 1998, deuxième partie : L'Évaluation (pp. 69 à 142).
– André de PERETTI, *Encyclopédie de l'évaluation en formation et en éducation*, Guide pratique, Coll. « Pédagogie/Outils », ESF éditeur (23, rue Truffaut, 75017 Paris), 1998.

Le FASILD a édité il y a quelques années, en 1993, un fichier d'évaluation en plusieurs langues pour les jeunes « rejoignants ». Il sert aujourd'hui de base à de nouveaux outils d'évaluation adaptés par les enseignants comme par exemple celui de F. Peutot en juin 2006 (non édité) disponible sur le site suivant :
http://pagesperso-orange.fr/fabrice.peutot/dispositif.html

Les évaluateurs du public migrant se posent bien des questions : que faut-il évaluer ? Quelles compétences ? Auto-évaluation ? Évaluation normative ? De quelle manière : orale ou écrite ? En quelle langue ? Des questions qui trouveront des réponses dans l'examen des référentiels.

3.2. Référentiels

L'évaluation et les contenus de formation sont réalisés à partir d'un référentiel et non d'un programme.

Le référentiel est un document qui établit avec précision les exigences à satisfaire pour l'obtention d'un diplôme. Il s'agit de donner un cadre à la formation en définissant et en inventoriant les réalisations des notions générales, les descripteurs des compétences orales et écrites, la grammaire, le lexique... C'est aux formateurs d'élaborer les contenus et la progression.

Un programme énonce les thèmes des disciplines qui seront évaluées en fin de formation. Il s'agit de donner les contenus et de proposer une progression sur une année scolaire par exemple.

Pour construire des parcours de formation à destination d'un public aux niveaux, aux rythmes, aux dates de démarrage et aux durées de formation différents, un référentiel est mieux approprié. Un programme est beaucoup plus figé en matière de progression et le système d'entrées et de sorties permanentes rendrait la tâche des formateurs extrêmement difficile...

En France, les organismes de formation des publics migrants utilisent essentiellement deux référentiels : le FAS CUEEP et le Cadre européen commun de référence pour les langues (CECRL).[1]

Le FAS CUEEP : référentiel de formation linguistique de base

Le référentiel du CUEEP, réalisé en 1990, est utilisé en formation linguistique de base pour des publics relevant de l'apprentissage du français oral et écrit. Composé de quatre livrets, il permet le positionnement, l'évaluation des apprenants et l'aide à l'élaboration de séquences pédagogiques. « Ces livrets visent essentiellement à décrire les objectifs de la formation linguistique de base dans les domaines de la compréhension orale, expression orale, compréhension écrite et expression écrite, afin de trouver un langage commun entre formateurs ».

Il sert à faciliter le dialogue entre les différents acteurs de la formation en utilisant un langage commun.

Il vise essentiellement un positionnement en lecture-écriture et ne renvoie à aucun diplôme spécifique.

---

[1]. À titre indicatif il existe également un référentiel de la CIMADE : *Démarche pour l'évaluation en français langue étrangère*, Paris, juin 2003, mais il ne figure pas dans les appels d'offres nationaux.

Le cadre européen : CECRL

Le Cadre européen commun de référence a été publié par le Conseil de l'Europe en 1998. Il a été rédigé par des experts de l'enseignement des langues vivantes. À sa création, il s'agissait de créer un cadre nécessaire à la mise en place d'une politique linguistique, mettant en avant le plurilinguisme et le respect des cultures, et définie par des représentants des États membres.

Il met en avant quatre compétences fondamentales (compréhension de l'oral, compréhension de l'écrit, expression orale et expression écrite), qui sont déclinées sous forme de cinq activités : écouter, lire, parler en face-à-face, parler en continu, écrire.

Le FAS-CUEEP[1] est essentiellement un outil de positionnement des publics, il est moins fourni et moins précis que le CECRL, il est avant tout « destiné à donner un éclairage sur la façon de repérer, de manière rapide et succincte, la situation dans laquelle se trouve un individu vis-à-vis de la communication écrite et orale, vue sous l'angle des compétences linguistiques et plus particulièrement de la lecture-écriture. »[2]

Le CECRL comprend plus d'apports théoriques en matière de descripteurs et d'évaluation. Il prend en compte d'autres compétences que les quatre compétences linguistiques proposées par le FAS-CUEEP comme par exemple les compétences sociolinguistiques (registres, accents, politesse...) et les compétences pragmatiques (discursive et fonctionnelle). Le CECRL permet d'évaluer avec plus de précision ; le CECRL, par la définition des niveaux de compétence (6 et un 7e correspondant à une subdivision du niveau A1 : le A1.1), « balise de repères les apprentissages dans une dynamique cohérente et une logique d'acquisition. S'y référer permet de définir pour une personne les acquis et les manques. La dissociation des domaines de compréhension et d'expression orale et écrite permet d'envisager des profils de compétences hétérogènes et de diagnostiquer avec précision les besoins des apprenants ».[3]

Avant l'ajout du niveau A1.1, le référentiel FAS-CUEEP était très utile en complément du CECRL. Aujourd'hui, les financeurs mettent l'accent sur le CECRL.

---

1. CUEEP, Centre universitaire Économie et Éducation permanente, principal institut lillois d'éducation permanente qui a élaboré un référentiel à la demande du Fonds d'action sociale.
2. Livret de présentation du référentiel FAS-CUEEP.
3. BEACCO, FERRARI, LHOTE, TAGLIANTE, « Niveau A1.1 pour le français : publics adultes peu francophones, scolarisés, peu ou non scolarisés », Didier, 2005, p. 9.

Il existe d'autres référentiels comme celui de la CIMADE, mais les deux décrets ci-dessus sont les plus utilisés.

3.3. Diplômes

DILF, DELF et DALF : présentation et correspondances CECRL

Le référentiel le plus complet est le « Cadre européen commun de référence pour les langues » du Conseil de l'Europe. Il permet d'aider à la construction de programmes de formation en lien avec les diplômes suivants :
– le DILF : Diplôme Initial de langue Française ;
– le DELF : Diplôme d'Études en langue Française ;
– le DALF : Diplôme Approfondi de Langue Française.

En effet, depuis le 1er septembre 2005, la commission nationale du DELF et du DALF propose un dispositif harmonisé sur la norme européenne du Conseil de l'Europe et adapté à tous les publics.

Dans cette nouvelle version, les certifications officielles sont constituées de six diplômes indépendants les uns des autres, sans unités capitalisables, correspondant aux six niveaux du Cadre européen commun de référence pour les langues.

Chaque diplôme est constitué d'épreuves évaluant les quatre compétences :
– compréhension orale ;
– expression orale ;
– compréhension écrite ;
– expression écrite.

DILF A1.1

Le DILF valide les premiers acquis en langue française en se basant sur les compétences mentionnées dans le tableau ci-dessous d'après le CIEP de Sèvres :

COMPÉTENCES À L'ORAL	COMPÉTENCES À L'ÉCRIT
1. Réception orale – comprendre une annonce publique – comprendre une indication simple – comprendre des instructions simples – comprendre une information chiffrée – comprendre l'heure	**3. Réception écrite** – identifier la signalétique – comprendre des instructions simples – comprendre des informations de base – comprendre des informations chiffrées – reconnaître la nature et la fonction d'écrits simples

COMPÉTENCES À L'ORAL	COMPÉTENCES À L'ÉCRIT
2. Production / interaction orale Plusieurs activités d'expression à choisir dans la typologie suivante : – demander / donner un prix – présenter des personnes – décrire des lieux – exprimer un besoin – indiquer la nature d'un problème de santé – demander un rendez-vous + entretien avec le jury : participer à des échanges de base sur des sujets prévisibles.	**4. Production / interaction écrite** – recopier une adresse, un numéro de téléphone – noter un numéro, un prix, une date – compléter un formulaire – laisser un message simple

DELF A1

Ce niveau valorise les premiers acquis où l'apprenant est capable de participer à des interactions simples. Il s'agit du niveau le plus élémentaire d'utilisation de la langue dit de « découverte ». Le stagiaire peut comprendre et utiliser des expressions familières et quotidiennes et des phrases très simples qui visent à satisfaire des besoins simples et concrets. Il peut se présenter ou présenter quelqu'un et poser à une personne des questions la concernant – par exemple son nom, son lieu d'habitation, ses relations, ses biens, etc. – et peut répondre au même type de questions. Il peut communiquer de façon simple si l'interlocuteur parle lentement et distinctement et se montre coopératif.

DELF A2

Ce niveau correspond à nouveau à un utilisateur élémentaire, mais il est considéré à présent comme un « acteur social », capable de réaliser des tâches simples au quotidien. Il peut comprendre des phrases isolées et des expressions fréquemment utilisées dans la vie de tous les jours (formules de politesse, idiomes pour les achats...). Il peut communiquer dans une situation courante simple et directe. « Il peut décrire avec des moyens simples une personne, un lieu, un objet, sa propre formation, son environnement et évoquer une question qui le/la concerne. »

DELF B1

Le stagiaire possède un niveau intermédiaire où il est capable de donner son avis et de comprendre des situations nouvelles. Il peut échanger et comprendre l'essentiel quand le discours est clair et standard au travail, à l'école, dans les loisirs, etc. Il peut raconter un événement et décrire un projet.

DELF B2

Le stagiaire peut argumenter lorsqu'il donne son avis. Il peut comprendre le contenu général d'un texte complexe ou une discussion spécialisée dans son domaine professionnel. Il peut s'exprimer de façon claire et détaillée sur un grand nombre de sujets.

DALF C1

Le stagiaire peut établir une communication aisée et spontanée. Il maîtrise la structure de la langue française et peut utiliser les expressions idiomatiques appropriées. Il peut comprendre des implicites. « Il peut utiliser la langue de façon efficace et souple dans sa vie sociale, professionnelle ou académique. » Il peut s'exprimer sur des sujets complexes, décrire ou rapporter quelque chose et « manifester son contrôle des outils d'organisation, d'articulation et de cohésion du discours. »

DALF C2

Le stagiaire maîtrise la langue avec précision et aisance à l'oral. Il peut entrer à l'université française. Il peut comprendre pratiquement tout ce qu'il lit ou entend. Il peut distinguer des nuances en rapport avec des sujets complexes.

Pour se faire une idée sur les productions orales et écrites correspondant à chaque niveau, le site www.coe.int/portfolio/fr propose des extraits commentés et analysés par des experts du conseil de l'Europe lors d'un séminaire organisé par le Centre International d'Études Pédagogiques (CIEP) et la fondation Eurocentres.

Il existe d'autres diplômes en France comme le CFG (Certificat de Français Général) qui s'adresse surtout aux jeunes du collège et du lycée et est reconnu par l'Éducation nationale.
La majorité des autres certifications induisent un coût d'inscription non négligeable et supposent un niveau de communication plus élevé.

Le TCF

Dans cette partie, il est intéressant de présenter le TCF (Test de Connaissances du Français), ce n'est pas un diplôme mais un test élaboré par le CIEP sur commande du ministère de l'Éducation nationale en mai 2002. Il est destiné à tous les publics non-francophones souhaitant faire valider leurs connaissances en langue française.
Le TCF sert à positionner les candidats sur l'un des niveaux du cadre. Un guide officiel avec des exercices de préparation a été édité par Didier en 2002.

Ce guide officiel d'entraînement au TCF permet de :
- prendre connaissance des six niveaux de compétence en langue du Conseil de l'Europe ;
- travailler chaque niveau de langue par capacité (compréhension et expression orales et écrites) ;
- se familiariser avec la nature des items du TCF ;
- développer une méthode de travail efficace (stratégies et réflexes) ;
- s'entrainer sur un mini-TCF.

Le TCF est un test rapide, simple et fiable, validé par une attestation officielle de niveau. D'après le site du CIEP, le TCF se décline de la façon suivante :

Le TCF pour public général	Le TCF pour les futurs étudiants et les étudiants	Le TCF pour un public lié aux organismes internationaux	Le TCF pour le Québec
(version papier ou version électronique). Ce TCF s'adresse à tout public souhaitant faire évaluer ses connaissances en français pour des raisons personnelles ou professionnelles.	– **Étudiants en 1er cycle universitaire (L1-L2) et école d'architecture** : le TCF est obligatoire pour les futurs étudiants dans le cadre de la demande d'admission préalable (DAP) en premier cycle dans une université (Licence 1 ou Licence 2) et dans les écoles d'architecture. – **Étudiants en 2e, 3e cycle, grandes écoles** : le TCF est systématiquement demandé par les établissements d'enseignement supérieur pour les étudiants qui souhaitent déposer un dossier d'inscription en deuxième ou troisième cycle (Licence 3, Master 1, Master 2 et doctorat) dans un établissement d'enseignement supérieur ou dans une Grande école.	Cette version du TCF a été conçue pour répondre aux besoins d'organismes internationaux ou d'organisations intergouvernementales (ONU, OCDE, Commission européenne...), écoles de diplomatie et/ou de relations internationales.	Depuis le 16 octobre 2006, le ministère québécois de l'Immigration et des communautés culturelles (MICC) demande aux personnes qui déposent un dossier d'immigration pour le Québec de justifier leur niveau de connaissance du français par la passation du « TCF pour le Québec ».

Ce test est réservé à l'usage exclusif des candidats déposant un dossier d'immigration dans un bureau d'immigration du Québec ou dans une Délégation générale du Québec.
Le TCF est composé :
- de trois épreuves obligatoires (80 items présentés dans un ordre de difficulté progressive à réaliser en 1 h 30)
– Compréhension orale
30 items : 25 minutes
– Maîtrise des structures de la langue
20 items : 20 minutes
– Compréhension écrite
30 items : 45 minutes
- et de deux épreuves facultatives :
– Expression orale
15 minutes
– Expression écrite
1 h 45
Pour une présentation détaillée des épreuves :
http://www.ciep.fr/tcf/presenta.php

Certains financeurs ont prévu un budget TCF pour définir le niveau de publics candidats à une action de formation lambda avec une exigence de niveau (souvent A2).

Les centres de formation de type associatif peuvent demander un agrément auprès du CIEP pour devenir centre de passation.

Le DILF

Revenons sur le DILF pour en faire une présentation détaillée car il s'agit d'une grande nouveauté et il est le fruit d'un vrai travail de réflexion de linguistes et de professionnels côtoyant au quotidien le public migrant. Au-delà de l'aspect linguistique et évaluatif du DILF, ce diplôme est au centre de l'attention des organismes de formation et des associations militantes du fait de son caractère administratif. En effet, le passage du DILF étant obligatoire pour les primo-arrivants, il est fortement connoté comme étant une sorte de passeport pour le titre de séjour ou l'obtention de la nationalité. Chaque conférence sur le DILF fait salle comble.

Pour passer le DILF, il faut s'inscrire dans l'un des centres d'examen DILF[1] agréés par le CIEP, il s'agit de centres de formation qui ont déposé un dossier de demande et ont obtenu l'habilitation d'examina-

---

1. Liste accessible sur http://www.ciep.fr/dilf/docs/centres_DILF.pdf

teur/correcteur DILF pour au moins l'un de leurs formateurs. Le prix de l'inscription est fixé par le centre d'examen qui reverse une cotisation fixe au CIEP. Pour les primo-arrivants, l'inscription est prise en charge par l'ANAEM. Si le candidat échoue, il peut le repasser mais à ses frais. L'ACSE finance, depuis juillet 2008, l'inscription au DILF pour des migrants hors marché ANAEM, avant cela l'inscription était à leur charge. Les inscriptions sont enregistrées sur l'extranet du CIEP (très bien fait et facile d'utilisation) permettant d'éditer les convocations à l'épreuve orale individuelle et aux épreuves écrites collectives.

Les sujets sont rédigés par le CIEP et envoyés cachetés aux centres d'examen. Des grilles de correction sont fournies par le CIEP, complétées par les correcteurs après l'examen et renvoyées avec les sujets complétés au CIEP. Le centre d'examen corrige et saisit les notes sur le site extranet mais c'est la Commission d'examen du CIEP qui valide ou non les résultats officiels. Les centres d'examen ont accès à des attestations de réussite qu'ils peuvent imprimer et remettre aux candidats mais c'est le CIEP qui édite et envoie les diplômes aux lauréats.

Descriptif des épreuves

Nature des épreuves	Durée	Note sur
Réception orale Comprendre une annonce publique Comprendre une indication simple Comprendre des instructions simples Comprendre une information chiffrée, comprendre l'heure	25 min	35 points
Réception écrite Identifier la signalétique Comprendre des instructions simples Comprendre des informations de base Comprendre des informations chiffrées Reconnaître la nature et la fonction d'écrits simples	25 min	15 points
Production orale Entretien avec le jury Activités d'expression : – demander et donner un prix – présenter des personnes ou décrire des lieux – exprimer un besoin ou demander un rendez-vous – indiquer la nature d'un problème de santé	10 min	35 points
Production écrite Recopier une adresse, un numéro de téléphone Noter un numéro, un prix, une date Compléter un formulaire Laisser un message simple	15 min	15 points
	Note totale	/100

Durée totale des épreuves : 1 h 15
Note totale sur 100
Seuil de réussite pour l'obtention du diplôme : 50 /100
Note minimale requise pour les épreuves orales : 35 / 70

Pour accéder à des exemples de sujets, télécharger un dossier de demande de centre d'examen DILF ou être habilité examinateur/correcteur DILF : http://www.ciep.fr/dilf/index.php

Le DILF venant tout juste d'être mis en place, il est difficile d'en analyser les effets mais nous pouvons nous en faire une première idée d'après le rapport d'activités 2007 du CIEP concernant le DILF :
– 190 sessions organisées par 47 centres d'examen ;
– 102 sessions CAI et 88 hors CAI ;
– 4 903 inscrits dont 75 % de public CAI ;
– 87 % des inscrits ont passé les épreuves ;
– participation croissante aux épreuves : de plus en plus de candidats ;
– il y a deux fois plus de femmes que d'hommes ;
– la moyenne d'âge des candidats est majoritairement de 20/30 ans ;
– le CIEP a dénombré 131 nationalités différentes chez les candidats ;
– 81 % des candidats obtiennent la note minimale requise tout en remplissant les critères d'admissibilité ;
– la moyenne des résultats est entre 72 et 100 points sur 100.

Le DILF facilite le parcours administratif des migrants mais, au regard du niveau à atteindre, il ne facilite pas leur parcours social et professionnel de manière significative. Il est vrai que les objectifs fixés ne peuvent être trop élevés étant donné le nombre d'heures de formation alloué. Dans la pratique, la majorité des non-lecteurs, non scripteurs qui ne parlent pas un mot de français à leur arrivée auront sans doute quelques difficultés à atteindre tous ces objectifs mais, comme l'oral est prépondérant (70 % des points pour l'oral), le DILF est accessible au plus grand nombre. Pour les autres « aspirants au DILF », la réussite au diplôme doit être une étape motivante pour devenir le point de départ d'un parcours linguistique renforcé ultérieurement.

À partir de ce cadre général d'organisation de l'enseignement des langues aux migrants et des outils à disposition des équipes pédagogiques, tâchons de réfléchir à la construction de modules de formation tout en tenant compte des éventuels freins et des contraintes imposées par les dispositifs actuels.

V

CONSTRUIRE UNE FORMATION À DESTINATION DU PUBLIC MIGRANT

« *L'élaboration d'un projet de formation ne se réduit pas à la définition d'un contenu de stage et d'une pédagogie adaptées, mais nécessite de prendre en compte à la fois la demande de l'organisation et son environnement. Il s'agit de mettre en œuvre une démarche effective qui tienne compte des différentes dimensions d'une situation.* »

Thierry Ardouin[1]

À partir de toutes les informations traitées dans les parties précédentes, il s'agit ici de proposer des pistes de réflexion aux responsables de formation et aux formateurs pour mettre en place des parcours de formation en langue pour les migrants.

Avant d'entrer dans des considérations plus pratiques, il nous paraît indispensable que dans cette partie soit fait un rappel de ce que peut être une didactique (ou une méthodologie) du français en direction de ce type de public. Sinon, cela voudrait dire qu'il existe une sorte de supermarché des méthodologies dans lequel chacun peut puiser au gré

---

1. ARDOUIN Thierry, « Ingénierie de formation pour l'entreprise », DUNOD, Paris, 2003.

de l'inspiration du moment (et c'est parfois le cas sur le terrain il faut le reconnaître), alors que le choix d'un référentiel de compétence peut orienter certaines démarches d'enseignement comme nous l'avons suggéré dans la partie consacrée aux ressources.

Il faut tout d'abord poser un certain nombre de repères dans les choix méthodologiques possibles :
– **approches globalistes** (on traite simultanément tous les aspects de la compétence, réception / expression, oral/écrit) ou **approches par compétence** (la langue est un ensemble différencié de compétences et chaque compétence peut/doit faire l'objet d'un apprentissage spécifique, en fonction du profil de compétences recherché par l'apprenant, selon un niveau de réalisation attendu). On notera que le niveau A.1.1. nous situe plutôt du côté des approches par compétence ;
– **approches communicatives** (l'apprenant est plongé d'emblée dans une situation d'échange et la prise de conscience progressive des facteurs de l'échange avec les formes de la langue utilisée va constituer le moteur de l'apprentissage) ou bien **approches « formalisantes »** qui ne plongent pas d'emblée l'apprenant dans le sens mais organisent une progression au pas-à-pas, en fonction des caractéristiques de la langue d'origine.

La notion de méthodologie ne peut pas non plus être écartée, alors qu'elle l'est ordinairement avec ce type de public, comme si le fait d'être un migrant en situation d'urgence linguistique vous mettait à l'écart d'une réflexion sur les choix pédagogiques à engager dans les classes. On peut rappeler au moins quelques points :
– les descriptions de la compétence à acquérir : quels usages sociaux (dans l'échange) ? sur quels supports ? quelles caractéristiques spécifiques ? quelles sont les connaissances, les savoir-faire sollicités ?
– quelles priorités se donner dans les formes (du discours / de la langue) à acquérir ? des modèles d'appui ? quel mode d'exposition à la langue envisager ? des échantillons fabriqués ou authentiques ?
– quels éléments linguistiques sélectionner ? question de la rentabilité fonctionnelle des formes (dans une fonction du langage donnée : demander un renseignement par exemple, quelles sont les formes qui ont la plus forte probabilité d'apparition et d'usage ?) quel traitement envisager ? par tâtonnement, essai/erreur ? par systématisation (exercices, par exemple) ? quelles sont les formes qu'il suffit de reconnaître, quelles sont celles qui doivent faire l'objet d'une systématisation ?
– quelle est la place du vocabulaire ?
– quelle logique d'organisation dans une unité didactique ? quel découpage dans une progression donnée ? les phases de la leçon : présentation ; systématisation ; exploitation ?

Le terme de méthodologie ici ne désigne pas ce que l'on appelle une méthodologie en FLE, classiquement, « méthodologie grammaire-traduction », « méthodologie audio-orale », « méthodologie audio-visuelle », mais le souci de mettre en cohérence une certaine façon d'organiser la formation et les séances en rapport avec les usages de la langue du public migrant et la sélection des contenus d'apprentissage et les choix pédagogiques. Ceci pour éviter les dérives d'un éclectisme tous azimuts qui voit le formateur prélever dans différents ouvrages des exemples d'activités les plus hétérogènes possibles. Les publics de migrants ont besoin de disposer de repères qui se retrouveront de leçon en leçon. Nous tâcherons de répondre à ces questions dans les paragraphes suivants.

1. Gérer la diversité

Mettre en place une formation à destination du public migrant nécessite de faire face à une grande diversité : diversité de langues, de cultures, de modes d'apprentissage, d'âges... Il faut chercher des manières de gérer toutes les difficultés liées à l'hétérogénéité des publics et des parcours.

Les compétences de l'équipe pédagogique, l'organisation de la formation, les objectifs fixés à court, moyen ou long terme, le contenu des ateliers, etc. : tout ceci doit être analysé avant la réalisation de la formation.

1.1. Des formateurs polyvalents

Un nouveau rôle

Face à l'hétérogénéité des publics et des parcours, le formateur ne peut pas se positionner en simple transmetteur de savoir en mettant en place des cours magistraux. D'animateur à évaluateur, c'est un rôle de tuteur qu'il exercera avant tout. Sa fonction de tuteur « présente deux faces différentes : l'une, technique, qui concerne les objectifs et, l'autre, plus générale, qui tient au caractère duel de cette relation. En ce qui concerne les objectifs, ils peuvent être linguistiques (répondre aux demandes d'éclaircissement des apprenants) ou méthodologiques (aider l'apprenant à apprendre), ce qui induira des comportements et des contenus différents. Le caractère duel de la relation va obliger à mettre l'accent sur des aspects communicatifs comme la faculté d'écoute et de compréhension du tuteur et, corrélativement, sur la place de ses prises de parole par rapport à celles de l'apprenant »[1]. Le formateur facilite l'apprentissage des apprenants en les guidant vers les bons outils et vers les bons objectifs. Il conseille et s'engage dans un mode relationnel qui s'attache plus à l'individu qu'au groupe.

Compétences des formateurs

En plus du savoir-faire pédagogique et de sa connaissance du domaine linguistique, le formateur possède des compétences complémentaires :

- **compétences d'encadrement :**
– il discute avec le public des règles d'apprentissage et encourage une forte participation dans la formation ;
– il valorise l'initiative personnelle et encourage la prise de parole dans le groupe ;
– il favorise la coopération entre apprenants lors de l'apprentissage.

- **compétences d'expertise :**
– il évalue les besoins et les compétences des apprenants au début de la formation, et leurs acquis à la fin du parcours de formation ;
– il élabore le contenu de la formation en lien avec les objectifs de l'apprenant ;
– il varie les activités de façon à s'adapter aux différents profils d'apprentissage ;
– il organise les modes de travail lors des différents moments d'apprentissage : travail individuel, en équipe et collectif.

- **compétences de conseil :**
– il aide les apprenants à réfléchir sur leur façon de travailler seuls ou en groupe ;
– il propose de nouvelles démarches d'apprentissage aux apprenants ;
– il guide vers les outils pédagogiques les plus appropriés.

- **compétences de concepteur pédagogique :**
– il élabore des grilles d'évaluation ;
– il élabore des supports pédagogiques.

Au-delà de toutes ces compétences (comme nous l'avons vu précédemment), le formateur doit savoir planifier les parcours de formation tout en tenant compte du facteur humain qui renvoie à tous les freins psychologiques et socioculturels évoqués dans la troisième partie. Beaucoup d'apprenants migrants considèrent le formateur comme un phare qui vient les éclairer sur la société d'accueil. Même si aucun contrat de travail ne le mentionne, le formateur a bien souvent un rôle de conseiller social et de soutien psychologique. Son rôle ne s'arrête pas aux murs de la salle de cours...

---

1. POTHIER Maguy, « Multimédias, dispositifs d'apprentissage et acquisition des langues », Ophrys, Paris, 2003.

1.2. Organisation de la formation

Entrées et sorties de formation

Qu'ils accueillent des enfants ou des adultes, les dispositifs de formation doivent rester souples en matière d'entrée et de sortie. En effet, les flux migratoires sont impossibles à prévoir et les migrants peuvent s'installer sur le territoire à tout moment. Chaque dispositif exigeant une entrée en formation sous un délai imposé et chaque parcours étant différent, cela signifie qu'il faut bien souvent fonctionner selon le principe d'entrées et de sorties permanentes, notamment dans les zones où les flux migratoires sont faibles et très aléatoires. Cela demande une très grande souplesse au niveau de la gestion des plannings des cours et d'importantes capacités d'adaptation de l'équipe pédagogique, qui travaille bien souvent dans l'urgence. Les différences de niveau et de rythme d'apprentissage ainsi que les contraintes liées au lieu de formation rendent parfois difficile la constitution de groupes homogènes. Avec la meilleure des volontés, il n'est pas simple de mettre en place une progression cohérente lorsque les groupes sont en perpétuel changement. Pourquoi ne pas plutôt créer un calendrier qui délimiterait plusieurs périodes d'entrées en formation sur l'année ? Cela permettrait de constituer des groupes plus homogènes et d'avancer plus facilement vers les objectifs visés en début de parcours. Il est tout à fait envisageable de mettre en place des sessions sur des périodes courtes de date à date (sur un trimestre par exemple) lorsqu'il s'agit de faire face à des flux importants et des parcours intensifs de façon à constituer des groupes homogènes. Mettre en place de telles sessions permet d'affiner encore la composition de groupes de niveaux.

Groupes de niveaux et groupes transversaux

Il est possible de mettre en place des groupes de base regroupés par objectifs pédagogiques. Les apprenants seront intégrés dans ces groupes de base mais pourront se répartir dans des groupes transversaux à certains moments pré-déterminés. Ces groupes transversaux sont l'occasion de travailler une compétence particulière choisie en fonction des besoins et demandes des bénéficiaires dans le cadre de leur parcours individualisé.

À l'intérieur de ces **groupes de base**, il peut y avoir des sous-groupes (par typologies de publics et/ou par objectifs). Privilégier le regroupement par pédagogie en tenant compte des différences de niveaux tout en s'appuyant sur des modules aux objectifs spécifiques permet de composer des parcours riches et diversifiés. Les groupes de base représentent la stabilité et la sécurité pour les apprenants qui retrouvent ainsi un formateur référent. Il s'agit de travailler dans la continuité, de mettre en place des projets par groupes et de travailler la remédiation cognitive. Les **groupes transversaux** sont constitués en fonction des objectifs de chaque bénéficiaire, leur composition peut donc changer selon les besoins.

La mise en place de ces groupes correspond à un choix : il s'agit d'atteindre les objectifs de chacun avec la volonté de créer des programmes de qualité reposant sur des pédagogies bien distinctes. Cependant, en fonction des flux, du nombre de bénéficiaires et de la répartition par type de public, la constitution de tels groupes homogènes ne sera pas toujours évidente, dans ce cas il est possible de constituer des sous-groupes et de s'appuyer sur la pédagogie individualisée et l'autoformation pour pallier ces difficultés.

Un exemple de formation : parcours de 30 heures pour un stagiaire relevant du FLE débutant

lundi	mardi	mercredi	jeudi	vendredi
9 h – 12 h formation en groupe de base[1]	groupe transversal : « *apprendre à apprendre* » réfléchir sur ses stratégies d'apprentissage pour optimiser sa formation	formation en groupe de base	formation en groupe de base	autoformation parcours individualisé (9 h – 11 h)
13 h – 16 h groupe transversal : « *vie administrative* » apprendre à connaître la société française au travers des administrations	formation en groupe de base	groupe transversal : « *phonétique en laboratoire de langues* » (expression orale, mise en situation)	formation en groupe de base	groupe transversal : « *savoir-être et vie sociale* » connaître la société française au travers de ses us et coutumes au quotidien

Financements

En fonction des publics, des zones de formation et des dispositifs, il peut y avoir des co-financements : les informations concernant le suivi des apprenants peuvent donc varier et être saisies sous des formes diverses. Il faut faire attention à bien différencier les documents administratifs pour éviter toute confusion par la suite. Les logos de chaque financeur doivent apparaître sur les documents remis aux stagiaires ou affichés dans le centre de formation.

---

1. Tous les stagiaires de ce groupe de base relèvent du FLE et ont pour objectif l'atteinte du niveau A2 du CECR. Le stagiaire, dont l'emploi du temps est proposé en exemple, souhaite en plus améliorer sa prononciation et en savoir davantage sur la vie en France.

Autre point important : certains financements ne peuvent être cumulés sur une même action, il faut donc veiller à vérifier la compatibilité des fonds pour éviter toute sanction juridique ou financière.

Rythme

Pour faire face à l'hétérogénéité des apprenants (âge, métier, niveau en français), les formations doivent reposer sur des parcours individualisés et sur un accompagnement vers l'autonomie. Il faut adapter la formation à la disponibilité, aux objectifs et aux stratégies d'apprentissage de chaque bénéficiaire.

Un fonctionnement par modules peut être mis en place de façon à combiner plus facilement les enseignements en fonction des rythmes de formation :
- des modules de formation par groupes de base
- des modules d'apprentissage en autoformation : les apprenants travaillent individuellement encadrés par des formateurs et disposent de ressources riches et diversifiées pour avancer en choisissant leurs stratégies d'apprentissage. (Ce module s'adresse tout particulièrement aux publics ayant été scolarisés à un niveau secondaire ou universitaire.)
- des modules de regroupement sous forme d'ateliers, en groupes transversaux, afin :
– de réfléchir à la méthodologie : « apprendre à apprendre » avec des formateurs ;
– de mettre l'accent sur l'expression orale autour d'activités de communication et de phonétique ;
– de s'initier au vocabulaire métier ;
– de travailler l'écrit ;
– de s'auto-évaluer en immersion ;
– de découvrir la vie en France ;
– d'apprendre dans la convivialité, etc.

2. Le premier jour de formation

2.1. Accueil collectif

Lors du premier accueil, les apprenants visitent le centre de formation. Des informations concernant le fonctionnement du centre, les moyens de transport et l'environnement du centre sont données. Pour les adultes, il est important que la structure d'accueil mette en place un maillage avec les structures de garde d'enfants ainsi que les compagnies de bus afin de faciliter la levée des obstacles en matière d'accès au lieu de formation.

Dans la mesure du possible, il est intéressant de passer une vidéo présentant la structure et son environnement de façon à communiquer avec les migrants qui n'ont aucune connaissance de la langue du pays d'accueil. Ce premier accueil se doit d'être convivial : pourquoi ne pas organiser une journée ouverte aux familles de stagiaires avec des arrivées échelonnées pour permettre aux accompagnateurs de se libérer plus facilement.

2.2. Entretien individuel

Vient ensuite l'entretien individuel. Il s'effectue individuellement avec le formateur référent du site en langue cible, voire en langue maternelle si le niveau de français n'est pas suffisant, et en trois temps :
– une discussion « prise de contact » : cet entretien constitue une étape indispensable où l'apprenant et l'organisme se présentent. Il s'agit d'un premier contact avec l'organisme de formation ainsi qu'avec l'équipe administrative et pédagogique et d'une information éventuelle sur les financeurs en cas de subvention. Le règlement intérieur du centre est alors présenté, puis signé par l'apprenant ;
– des questions à propos de son projet individuel ainsi que sur ses centres d'intérêts et son référentiel d'études, afin de mieux cerner les compétences de l'apprenant en langue source et/ou en langue cible et ses habitudes d'apprentissage. Le formateur analyse les représentations de l'apprenant sur la langue et l'apprentissage en général. De toute évidence, l'objectif central du formateur est de faire évoluer les représentations et les techniques méthodologiques des apprenants. Voilà pourquoi il nous semble très important de consacrer du temps à cette phase. En fonction de la situation du bénéficiaire, le formateur peut être également amené à remplir d'autres documents du type « projet d'action personnalisé » de l'ANPE par exemple ;
– une définition du niveau et des besoins à court et à moyen terme ainsi que leur ordre de priorité. Le formateur et l'apprenant rédigent ensemble le contrat de formation. C'est un double contrat : un contrat « moral » et un contrat « de programme de formation », sous forme de carnet de bord et de feuille de route. L'apprenant va noter ses objectifs de travail sur sa feuille de route et ce qu'il fait vraiment dans son carnet de bord (y figurent la date, les documents de référence, les activités réalisées, ses résultats, les problèmes qu'il a rencontrés...). Si les informations concernant les bénéficiaires sont utilisées informatiquement, il faut ajouter un encart sur le contrat stipulant le droit d'accès et de rectifications aux informations recueillies d'après les articles 39 et suivants de la loi du 6 janvier 1978 modifiée.

À la fin de l'entretien, le stagiaire est présenté à son groupe de base. Le formateur référent remet, par exemple, au bénéficiaire :
– une copie du contrat de formation ;
– une attestation d'entrée en stage ;
– un emploi du temps personnalisé avec les noms et coordonnées du référent ;
– si besoin un livret contenant les noms et coordonnées des contacts locaux.

Tous les documents cités ci-dessus doivent être adaptés à chaque structure.

2.3. Un exemple de questionnaire d'entrée en formation

Biographie langagière[1]

a. Quelles langues connaissez-vous ? (préciser oral et écrit)

....

....

....

b. Avez-vous déjà étudié le français ? (préciser)

Oui : ....

Non : ....

c. Avez-vous été en contact avec la langue française ? (préciser)

Oui : ....

Non : ....

d. Expériences socioculturelles : connaissance de la culture française :
☐ Films
☐ Romans
☐ Informations
☐ Échanges Internet
☐ Chansons

Autres : ....

---

1. D'après le portfolio européen des langues.

e. Bilan
☐ Aucune compréhension
☐ Besoin d'un interprète
☐ Comprend des consignes simples
☐ Comprend le questionnaire d'identité
☐ Parvient à se faire comprendre
☐ Fait des phrases simples

Autres : ....

Auto-évaluation[1]

Compréhension orale
1. Je comprends les salutations.
2. Je comprends les expressions de la vie quotidienne.
3. Je comprends les consignes simples.
4. Je comprends bien le français.

Compréhension écrite
1. Je reconnais des mots.
2. Je comprends les panneaux.
3. Je comprends un questionnaire d'identité.
4. Je sais lire le français.

Expression orale
1. Je sais me présenter.
2. Je sais saluer.
3. Je sais demander si ça va.
4. Je sais proposer quelque chose.
5. Je sais poser des questions sur l'identité.
6. Je sais utiliser les chiffres.
7. Je sais prendre un rendez-vous.
8. Je comprends des phrases simples après répétition.
9. Je sais poser des questions dans les magasins.
10. Je peux répondre au téléphone.
11. Je parle bien français.

Expression écrite
1. Je sais recopier.
2. Je sais remplir un formulaire.
3. Je peux écrire quelques mots.
4. Je sais écrire en français.

---
1. *Ibid.*

Il arrive bien souvent que les financeurs ou les administrations imposent des documents. Voici un extrait du livret de suivi mis en place par l'ancien FASILD :

Fiche Identité	**Module 1**	**BPEL**
☐ CAI ☐ Candidat à la naturalisation ☐ Hors CAI		
☐ ANAEM ☐ Préfecture ☐ Sous-préfecture ☐ Mairie ☐ Collectivités territoriales ☐ Travailleurs sociaux, préciser : .... ☐ Démarche personnelle ☐ ANPE : ALE : .... Nom du référent : .... ☐ Autre, préciser :		
Nom : .... Prénom : .... Sexe : ☐ F ☐ M Nom de jeune fille : .... Date de naissance : __/__/19___ Lieu de naissance : .... Pays : .... Nationalité : .... Année d'arrivée en France : .... Situation familiale : ☐ Marié(e) ☐ Divorcé(e) ☐ Célibataire Nombre d'enfants :		
Adresse 1 : .... Code postal : .... Commune : .... Téléphone : .... Portable :		
Adresse 2[1] : .... Code postal : .... Commune : .... Téléphone : .... Portable :		
Scolarité		
☐ Jamais scolarisé ☐ Primaire ☐ Secondaire ☐ Supérieur, préciser :		
Situation Linguistique		
Langue maternelle : .... Autres langues connues : .... Formations linguistiques antérieures :		
Profil pédagogique		
☐ Alpha ☐ FLE		

---

1. À renseigner en cas de changement d'adresse.

Fiche 1a Évaluation Initiale   **Module 1a**   **BPEL**

Date de réalisation du Module 1a : __/__/20__

Nom de l'organisme de BPEL : ....

Nom du référent : ....

BPEL : ....

	Niveau de communication en français	Niveau PVA correspondant	Niveau du bénéficiaire	Volume d'heures prescrit
Groupe 1	*Impossible*	1		
Groupe 2	*Très difficile ou difficile*	2 et 3		
Groupe 3	*Possible*	4	Pas de formation	

Formations antérieures et expériences professionnelles :

....

....

....

Projet motivant la demande de formation linguistique :

....

....

....

Prescription

☐ Cours du samedi → 4 heures par semaine

☐ Cours du soir → 4 à 6 heures par semaine

☐ Cours extensifs → 6 à 7 heures par semaine

☐ Cours semi-extensifs → 12 heures par semaine

☐ Cours semi-intensifs → 18 à 21 heures par semaine

☐ Cours intensifs → 30 heures par semaine

Durée de formation prescrite :

Date de début de formation : __/__/20__

Date de fin de formation prévue: __/__/20__

Lieu de formation proposé : ....

Niveau à atteindre en fin de formation

☐ AMCL niveau 4   ☐ Niveau A1.1 du CECR

Orientation vers le BOPP

☐ Dès l'entrée en formation   ☐ À prévoir au prochain module

Motiver cette décision : ....

| Fiche 1b Évaluation Initiale | Module 1b | BPEL |

Date de réalisation du Module 1b : __/__/20__
Nom de l'organisme de BPEL : .... Nom du référent BPEL : ....

Niveau initial évalué

D'après le Cadre Européen Commun de Référence

NIVEAU	Écouter	Lire	S'exprimer oralement	Écrire
Inférieur au A1.1				
A1.1				
A1				
A2				
B1				
B2				
C1				
C2				

Formations antérieures et expériences professionnelles :
....

Projet motivant la demande de formation linguistique :
....

Prescription

☐ Cours du samedi → 4 heures par semaine	Durée de formation prescrite : ....
☐ Cours du soir → 4 à 6 heures par semaine	
☐ Cours extensifs → 6 à 7 heures par semaine	Date de début de formation : __/__/20__
☐ Cours semi-extensifs → 12 heures par semaine	
☐ Cours semi-intensifs → 18 à 21 heures par semaine	Date de fin de formation prévue : __/__/20__
☐ Cours intensifs → 30 heures par semaine	Lieu de formation proposé : ....

Objectif de la formation / Niveau à atteindre en fin de formation

D'après le Cadre Européen Commun de Référence

NIVEAU	Écouter	Lire	S'exprimer oralement	Écrire
Inférieur au A1.1				
A1.1				
A1				
A2				
B1				
B2				
C1				
C2				

Orientation vers le BOPP

☐ Dès l'entrée en formation   ☐ À prévoir au prochain module
Motiver cette décision : ....

Il existe des documents créés pour l'accueil et l'évaluation des jeunes migrants lors de leur premier accueil sur le site suivant : http://www.cndp.fr/lesScripts/bandeau/bandeau.asp?bas=http://www.cndp.fr/vei/acc_scol/accueil.htm

3. Travailler les compétences orales

Objectifs

Les stagiaires débutant en langue étrangère ont besoin d'écouter attentivement la langue cible, il s'agit alors de mettre l'accent sur cette compétence de reconnaissance des mots. La parole doit ensuite être encouragée. Les compétences orales reposent sur trois composantes à assimiler : linguistique (phonétique, lexique…), sociolinguistique (normes sociales, règles de politesse…) et pragmatique (maîtrise du discours, cohérence…).

Différents ateliers peuvent être mis en place pour atteindre ces objectifs, nous en verrons deux.

Il s'agit de travailler la réception orale en incluant les quatre domaines du CECRL, en affinant les objectifs d'écoute (pour s'informer, pour agir, pour se distraire, pour apprendre…) et en distinguant différents types de compréhension : globale ou sélective. Tout ceci pour développer chez l'apprenant un comportement d'auditeur et pour l'aider à acquérir des formes.

Il faut également travailler la production orale en insistant sur l'importance du contexte par des activités de mobilisation de la compétence de communication en situation, par des exercices d'acquisition des différentes composantes de la communication et par la réalisation de tâches de communication en immersion au quotidien.

Atelier phonétique

Cet atelier est organisé en laboratoire de langues. Il s'agit de travailler sur des supports variés permettant de renforcer les compétences orales. Par l'écoute, la prononciation et la reformulation, il s'agit de prendre conscience des sonorités d'une langue afin de se les approprier. Différencier des phonèmes et apprendre à découper une langue en sons est très important pour fixer la langue et très utile lors du passage à l'écrit.

Cet atelier peut se dérouler en deux parties : une partie « repérage », où le formateur peut utiliser des banques d'images, des cartes ou des extraits sonores pour illustrer un élément phonétique et demander aux stagiaires de trouver des règles de segmentation ou de prononciation, et une partie pratique, où le formateur peut utiliser des exercices de discrimination auditive, de reconnaissance de paires minimales, de jeux articulatoires, de dictée phonétique, de répétition, de mise en situation, de jeux de rôle...

Pour aider les apprenants à prendre conscience de leur façon de prononcer les sons, l'emploi d'un magnétophone avec micro et d'un miroir se révèleront fort utiles. Ne pas hésiter à utiliser le corps, la respiration et les bruitages : par exemple, toucher ses cordes vocales ou mettre la main devant sa bouche pour sentir l'air sortir aide à différencier le [b] du [p] ou encore utiliser le bruit du moustique pour faire prononcer le [z] à un hispanophone...

Objectifs
– reconnaître la composition d'un mot : découper en syllabes
– découvrir les phonèmes
– transmettre un message sans que la prononciation ne fasse obstacle à sa compréhension

Contenus
– les accents
– les lettres finales
– la liaison
– les chiffres
– l'élision
– le découpage syllabique
– les sons (voyelles, consonnes, semi-consonnes, nasales...)
– l'intonation selon le type de phrase (exclamations...)
– l'intonation pour entrer en communication ou clore une discussion
– onomatopées
– rythme et intonation pour exprimer un avis ou un sentiment

Ces points sont à étudier en tenant compte des trois domaines suivants[1] :
- prosodie : étude de l'intonation, l'accentuation, les tons, le rythme, les pauses... ;
- phonétique : étude des sons du langage et des processus de la communication parlée ;
- supra-segmental : analyse des éléments prosodiques qui affectent des unités plus longues que le phonème.

---

1. Voir l'ouvrage de Bertrand LAURET, *Enseigner la prononciation du français*, Hachette, Coll. F, 2007.

Il ne s'agit pas de faire de la phonétique pure en étudiant par exemple l'alphabet phonétique mais plutôt de travailler la conscience phonétique de façon à atteindre des objectifs pratiques qui pourront débloquer des situations délicates dans d'autres ateliers : travailler sur la distinction entre *il* et *elle* (confusion très fréquente chez les arabophones) permettra de travailler sur le sens et sur la grammaire de façon induite.

Cet atelier correspond à un groupe transversal, des publics « Alpha » et « FLE » peuvent par exemple s'y côtoyer. Le formateur assurera alors la partie repérage avec l'ensemble des stagiaires en partant d'un son mais la mise en pratique sera distincte. Pour les publics « Alphabétisation », cet atelier sera utile pour l'entrée dans l'écriture : un même son peut avoir différentes écritures, certaines lettres ne s'entendent pas… Pour les publics FLE, cet atelier permettra d'être plus à l'aise pour entrer en communication, comprendre des règles d'orthographe, pour affiner le vocabulaire et s'exprimer à l'oral.

Atelier communication

Objectifs

Cet atelier a pour objectif de rendre la communication en langue cible plus aisée en donnant aux participants l'occasion de pratiquer en situation avec un locuteur natif dans des situations du quotidien. Il s'agit également de donner des clés en travaillant différentes techniques de communication. Les productions sous forme de dialogue ou de jeux pourront être enregistrées ou filmées pour permettre aux participants de s'auto-évaluer et de réfléchir sur les stratégies de communication.

Contenus

Selon son niveau initial, amener le participant à :
– comprendre un message ;
– comprendre les annonces publiques ;
– s'exprimer de façon compréhensible ;
– demander une information ;
– donner une information ;
– répondre à une question en contexte ;
– dialoguer ;
– s'exprimer en public et entrer en communication ;
– donner son avis ;
– passer un appel ;
– prendre part à un échange entre natifs ;
– raconter une anecdote ;

– prendre un rendez-vous ;
– laisser un message sur un répondeur ;
– faire une requête...

Quelques supports
– *Sons et intonations : exercices de prononciation* (Martins, Mabilat), Didier, 2004.
– *Communiquer en français* (Cicurel, Guimbretière, Porquier), Didier, 1992.
– *Guide pratique de la communication* (Chamberlain, Steel), Didier, 2000.
– *Exercices d'oral en contexte* (Bonenfant, Parent, Lacroix, Bazelle-Shahmaei, Renaudineau), Hachette, 2002.
– www.maxetom.com/jeux_lecture (Alpha)
– www.apprendre-a-lire.fr (Alpha)
– www.lepointdufle.net/apprendre_a_lire/sons.htm (Alpha)
– http://lexiquefle.free.fr/allpha.swf (Alpha)
– http://www.lepointdufle.net/ressources_fle/exercices_de_francais.htm#pr (tous)
– www.cravie.ac-strasbourg.fr (méthode public scolaire « Hexagone » FLS en ligne)
– www.fle.fr le cartable connecté par compétence « j'écoute » (FLE)
– Voir sites cités en partie 4 et cliquer sur « activités de communication » (FLE)
– http://www.francparler.org/dossiers/production_orale.htm (dossier pour prendre la parole)

4. Travailler les compétences écrites

Objectifs

Pour cela des activités de reconnaissance écrite sont proposées dans un premier temps, puis des ateliers d'écriture sont mis en place. Le fait de manipuler des textes correspond à une phase de pré-écriture relayée par des cours de graphie. Néanmoins, pour des personnes qui souhaitent s'installer durablement en France, l'apprentissage de la langue ne peut se faire sans la connaissance de l'écrit. Il est nécessaire d'enseigner la langue dans sa globalité de façon à permettre aux publics d'être autonomes plus rapidement au quotidien.

Un grand nombre de ces bénéficiaires sont non-lecteurs et non-scripteurs. Une adaptation de la pédagogie à ce type de public est donc nécessaire. D'après une enquête de l'INED, en 2003, en France, 35 % des immigrés maîtrisent mal l'écrit et l'oral et 45 % ne savent ni lire ni écrire correctement.

Atelier d'écriture et de lecture

Cet atelier permet de travailler les compétences écrites au-delà de la sensibilisation proposée dans les groupes de base, de manière ludique au travers de thèmes et d'exercices variés.

Objectifs
– se sensibiliser à l'écrit pour les débutants ;
– s'approprier la langue et jouer avec les mots pour les plus avancés ;
– produire un écrit utile au quotidien (lettre, message, formulaire...) ;
– renseigner un document du quotidien ;
– s'entraîner à reconnaître et décoder tous types d'écrits (administratifs, journalistiques ou littéraires...).

Il s'agit de permettre aux participants de développer leur compréhension de l'écrit en investissant leurs connaissances préalables de la langue.

Cet atelier doit être individualisé afin de travailler la compréhension, le repérage d'informations particulières et de développer la mémoire visuelle et la vitesse de lecture selon le niveau de chacun.

Pour les publics ALPHA, cet atelier permettra d'approfondir un travail sur la forme et un travail sur le fond pour les publics FLE.
Exemple : à partir d'un prospectus pour un hypermarché, il s'agira, après présentation du document au groupe :
– de repérer des sigles, des lettres ou des mots pour les ALPHA ;
– de rédiger une liste de courses pour le niveau Post-Alpha et FLE-débutants ;
– de comparer les produits pour les FLE avancés.

Quelques exemples de supports

– Documents authentiques : magazines, journaux, publicités, formulaire CAF...
– *Trait d'Union* (Verdier et alii), CLÉ International.
– www.claweb.cla.unipd.it : méthode « Dynamots » (Alpha)
– www.onlineformapro.com : le tracé des majuscules (Alpha)
– www.jeparledoncjécris.be : alphabétisation par les TIC (Alpha)
– www.cravie.ac-strasbourg.fr : public scolaire premier et second degré
– Voir les sites de la partie IV pour les FLE (compétences écrites)

Le cas particulier du niveau A1.1

Il est intéressant de s'intéresser à l'entrée dans la lecture et dans l'écriture de publics peu ou pas scolarisés dans leur pays d'origine. Nous avons vu précédemment que la méthode syllabique ne permettait pas

une bonne acquisition des compétences écrites et qu'elle rendait l'accès au sens très lent. Il faut se tourner vers un autre modèle qui serait à la fois interactif et stratégique. D'après Véronique Leclerc[1], ce modèle se définit selon plusieurs caractéristiques :
– « lire c'est à la fois pouvoir décoder et comprendre un texte écrit » ;
– le lecteur/scripteur est un sujet actif ;
– la lecture et l'écriture sont considérées comme faisant partie du processus de communication ;
– le savoir se construit lors d'activités de communication avec le formateur et d'autres apprenants mais également en situation réelle en immersion.

La lecture et l'écriture doivent être étudiées dans le but premier de pouvoir communiquer et être plus autonome au quotidien. D'après l'auteur de la méthode *Trait d'Union 2*, p. 11, le formateur doit guider l'apprenant dans son travail d'accès au sens par des activités :
– de hiérarchisation, de sélection d'informations d'après le contexte (à qui s'adresse-t-on ? pourquoi ?) ;
– de repérages d'éléments typographiques ;
– de recherche de références en s'appuyant sur le contexte extra-linguistique ;
– d'élaboration d'hypothèses.

Sur les dispositifs actuels, le nombre d'heures alloué à chaque stagiaire ne permet pas d'amener l'apprenant à maîtriser les compétences écrites à un niveau A1. Le niveau A1.1, subdivision du niveau A1 du CECRL propose une entrée dans la lecture et dans l'écriture par paliers dans la deuxième partie de son référentiel au chapitre 2 :

- **Découverte**
– rapport entre chaîne écrite et chaîne sonore, différents types d'écrits ;
– la priorité est donnée au sens ;
– exemple d'activités de réception et de production écrite : il s'agit de reconnaître son nom dans un document ou de renseigner un formulaire avec un modèle.

- **Exploration**
– éveil de la conscience phonologique ;
– mémorisation de mots fréquents pour constituer un répertoire lexical ;
– activités de reconnaissance de mots, de données chiffrées ;
– activités de repérage dans l'espace graphique ;
– analogies ;
– exemple d'activités de réception et de production écrite : repérer sur une facture la somme à payer ou écrire en autonomie son adresse.

---
1. LECLERC V., *Face à l'illettrisme*, ESF, 1999.

- **Appropriation**
  – mobilisation des connaissances : identifier les mots par analogie ;
  – élargissement en contexte du capital mot ;
  – associer phonème et graphème ;
  – mémoriser la forme graphique ;
  – exemple d'activités de réception et de production écrite : identifier des noms sur une boîte aux lettres ou sur une enseigne ou prendre note au téléphone d'une date de rendez-vous.

Cette entrée dans la lecture et dans l'écriture permet par analogie, systématisation et récurrence de se familiariser avec les mots et les structures de la langue. Elle donne accès au sens de messages courts. D'après le référentiel A1.1, p. 170 : « il s'agit de développer des savoir-faire en lecture-écriture dans des situations de communication authentiques et crédibles pour des adultes confrontés à ces situations dans leur vie quotidienne ».

Un CD-rom sur *les Productions orales et écrites illustrant, pour le français, les niveaux A1.1 et A1 du CECRL* est disponible au CIEP de Sèvres et sur le site du Conseil de l'Europe.

5. Autres domaines à explorer

5.1. Contenus et thématiques

L'apprentissage de la langue vise également à faire acquérir aux stagiaires des repères socioculturels dans la société d'accueil : connaissance de l'environnement social, savoir faire face aux situations de la vie quotidienne (s'orienter et se déplacer seul, se renseigner, régler des problèmes de natures diverses...). Certains organismes de formation organisent des journées d'information tous les trimestres : un thème est choisi et présenté par des intervenants extérieurs, la présentation est suivie d'un débat animé par les stagiaires. Certaines associations proposent des ateliers de couture, de cuisine, de vidéo, de décoration mis en place régulièrement et à cela s'ajoutent de nombreuses rencontres autour de thèmes comme « fêtes du monde » où les stagiaires viennent célébrer ensemble l'Aid el Fitr, Hanoucca et Noël. Il serait intéressant de diversifier ces activités et de les élargir à la sphère professionnelle. N'oublions pas que ces repères doivent s'acquérir dans le cadre des cours de langue et non d'ateliers : un cours de cuisine peut servir de prétexte à la découverte des traditions françaises tout en utilisant la langue mais il ne constitue pas une méthodologie à utiliser quotidiennement.

Capacité d'adaptation et d'appropriation des contenus

La variété des activités doit permettre aux stagiaires de développer des stratégies d'apprentissage par le jeu, la lecture ou l'écoute. Les différents supports pédagogiques sont aussi là pour permettre aux stagiaires de transposer leurs connaissances à de nouveaux domaines dans de nouvelles situations.

Thématiques

Les apprenants doivent pouvoir communiquer dans divers domaines d'après le CECR :
– privé (ex. : faire la conversation) ;
– public (ex. : acheter un produit) ;
– professionnel (ex. : connaître les consignes de sécurité) ;
– culturel (ex. : connaître les codes relatifs à la vie en France) ;
– éducationnel (ex. : inscrire ses enfants à l'école), etc.

Afin de pouvoir effectuer seul ces différentes tâches, les séances de formation peuvent s'articuler autour des thématiques suivantes[1] : la caractérisation personnelle ; la maison, le foyer, l'environnement ; la vie quotidienne ; les vacances et les loisirs ; les relations avec les autres ; la santé et le bien-être ; l'éducation ; l'alimentation ; les services ; les lieux ; la météo.

Mise en pratique et réflexion autour de thématiques

Au-delà de la gestion de la vie quotidienne, il est intéressant d'introduire également des supports visant à présenter le pays d'accueil dans son passé, ses traditions, sa culture...
- Culture générale et connaissance du monde
- Savoir socioculturel :
– les conditions de vie : niveaux de vie, couverture sociale, logement...
– les relations interpersonnelles : structure sociale, relations au travail, relations intergénérationnelles, races et communautés...
– les valeurs, croyances et comportements : identité, histoire, humour, religion, politique...
– le langage du corps : conventions régissant les comportements, para-linguistique...
– le savoir-vivre : les cadeaux, la ponctualité, les tabous, les visites...
– les comportements rituels : mariage, naissance, décès...
- Savoir-être
- Savoir-apprendre, etc.

---

1. D'après le CECR.

5.2. Savoir-être

La formation aux savoir-être est un sujet délicat qui soulève bien souvent des questions de déontologie. Néanmoins, il serait intéressant, dans la mesure où le dispositif a également pour objectif l'intégration des primo-arrivants, de s'arrêter sur les compétences interculturelles. Cela pourrait prendre la forme de modules de sensibilisation à l'interculturel et aux modes de vie. Il ne s'agirait pas d'imposer des codes comportementaux mais de présenter certaines valeurs et de décoder certaines interactions de façon à mieux comprendre les attitudes et les modes de pensées de la société d'accueil.

Objectifs

Cet atelier propose d'acquérir des compétences culturelles comme celles définies par J.-C. Beacco dans son « Référentiel pour les compétences culturelles » (non édité). Il s'agit d'aborder la société d'accueil au travers des dimensions cognitives, psycho-sociales, affectives et identitaires. En étudiant des situations de communication, des gestes, des mimiques, des codes écrits, les bénéficiaires seront amenés à s'interroger sur la société dans laquelle ils vivent. L'objectif est d'acquérir un savoir-agir en société ainsi que des savoirs langagiers permettant d'établir la communication :
– déclencher une prise de conscience interculturelle (ressemblances et différences) ;
– se familiariser avec la dimension paralinguistique de l'échange (langage du corps, onomatopées...) ;
– mieux connaître la société dans laquelle on évolue à l'aide d'un décodage des attitudes et des comportements.

Activités

À partir de saynètes, d'extraits de reportages ou de témoignages, il s'agit de mettre en place un travail de réflexion à l'oral pour interpréter les implicites culturels. Par des simulations, des jeux de rôle et des mises en situation, les bénéficiaires utilisent ces mêmes codes : les attitudes dans la rue, au travail, en famille... ; les conventions liées à l'hospitalité ; les traditions et coutumes ; les files d'attente ; les façons de se saluer ; les façons d'acheter et de négocier ; les fêtes religieuses et républicaines ; les relations avec les organismes officiels ; les relations entre les sexes ; la conduite et la sécurité routière.

Supports

Il est intéressant de s'appuyer sur la méthode *Forum* (Hachette) qui consacre toute une partie de ces modules aux implicites culturels.

– http://www.e-doceo.net/fr/arts_de_la_table.php (étiquette et savoir-vivre à table)
– http://www.france.learningtogether.net/ (jeux pour découvrir la France)
– http://www.cortland.edu/flteach/civ/ (photos, enregistrements sur le quotidien en France)
– http://www.diplomatie.gouv.fr/images2france/ (200 photos de paysages de France)
– http://www.bbc.co.uk/languages/french/index.shtml (vidéos sur la vie en France)
– http://digilander.libero.it/linguaggiodelcorpo/fr/ (le langage du corps)
– http://thomas.iglesis.free.fr/ (savez-vous gesticuler en français ?)

5.3. Citoyenneté et vie administrative en France (module à adapter au pays d'accueil)

Objectifs
– Découvrir et réfléchir sur le quotidien en France.
– Découvrir les droits et les devoirs des citoyens.

Contenus d'après *Le cahier du citoyen* d'Hachette
Exposés, débats et recherche sur les thématiques exposées ci-dessous.

1. Formation
– le droit à l'éducation
– les financeurs
– la gestion de l'emploi du temps
– la vie en centre de formation : charte
– les collectivités locales

2. Droits et devoirs
– l'identité
– la nationalité
– droits et devoirs du citoyen
– droits et devoirs des enfants et des parents
– le citoyen
– le conseil municipal

3. Environnement et patrimoine
– protéger l'environnement
– ordures ménagères et recyclage
– le PLU
– le patrimoine : responsabilité des habitants
– la propreté dans les lieux publics
– le travail des pompiers

4. Égalité
– que dit la loi en France ?
– inégalités sociales
– le CCAS

5. Solidarité
– dans la formation
– la coopération : les accords avec les pays étrangers
– la protection sociale
– les chômeurs
– les associations

6. Sécurité
– les accidents domestiques
– la violence
– la sécurité routière
– la police et la gendarmerie
– les accidents industriels

7. Justice et administrations
– les institutions françaises
– la justice
– les lois internationales

8. Vie quotidienne
Questions proposées par les stagiaires en fonction des interrogations qui se posent au quotidien dans leurs démarches.

Outils

– *Le cahier du citoyen* (Defebvre), Hachette Éducation, 2005.
– http://www.diplomatie.gouv.fr/fr/
– http://querbes.cp.asso.fr/eedpr/old/p4/jeu/index.htm (jeu de l'oie)
– http://querbes.cp.asso.fr/eedpr/ (éducation à l'inter-culturalité pour scolaires)
– http://erra.club.fr/CYBER-CITOYENS-6.htm
– Coffret CAI remis sur les plateformes de l'ANAEM.
– Règlement intérieur du centre.
– Magazine « Info » de la ville ou de la région.

On peut également penser à mettre en place un module en lien direct avec l'emploi et les études en vérifiant au préalable qu'il n'y a aucune prestation dédiée à l'emploi sur le dispositif sur lequel on intervient. Un module de TRE (Techniques et Recherche d'emploi) peut être mis en place pour découvrir les documents liés à l'emploi, savoir où chercher des offres d'emploi, comment se présenter à un entretien (tenue vestimentaire, attitude...), comment rédiger un CV ou une lettre de motivation...

5.4. Culture

On peut aussi s'intéresser aux médias, aux variétés, aux célébrités en organisant des projets, des exposés ou des sorties thématiques. Voici quelques exemples :
- créer un journal
- écrire un article pour un quotidien local
- créer un site Internet ou un blog
- organiser une exposition de photos
- visiter les sites de stars
- aller au cinéma ou à un concert
- commenter des publicités
- participer à un jury pour sélectionner un livre ou un film
- visiter les sites touristiques de sa ville
- participer aux ateliers thématiques du musée local
- organiser un jeu de piste dans la ville
- visiter les administrations
- animer un atelier de théâtre
- participer à une opération écologique
- organiser un karaoké ou un « blind-test » sur les chanteurs français
- comparer le programme électoral de différents candidats
- commenter l'actualité

Cette thématique sera à développer en transversalité de façon calendaire (en fonction des dates, des évènements) ou de façon spiralaire lors des temps en groupes de base.
- http://www.tv5.org/TV5Site/programmes/accueil_continent.php (actualité)
- http://education.france5.fr/decodart/home.html (peinture)
- http://www.culture.fr/Groups/accueil/home_fr (culture générale)
- http://platea.pntic.mec.es/~cvera/cine/index.htm (cinéma)
- http://www.hku.hk/french/dcmScreen/lang3033/lang3033_lire_la_pub.htm#analyses (publicité)
- http://www.clemi.org/ (CLEMI : Centre de liaison de l'enseignement et des médias d'information)
- *De la vidéo à Internet : 80 activités thématiques* (T. Lancien), Hachette, 2004.

6. Bilan

Les possibilités en matière d'organisation et de réalisation des formations à destination du public migrant sont donc multiples. Le nombre des critères à prendre en compte est tel qu'il est impossible de proposer un dispositif adapté d'emblée à tous les publics. Néanmoins, nous allons donner un exemple de formation en essayant d'analyser les choix didactiques effectués en amont.

▶ Nous choisirons une approche par compétence en partant des descripteurs du CECRL. Les publics ayant des besoins bien différents, cette approche permet de répondre au mieux aux demandes. Un apprenant migrant installé en France depuis plusieurs années peut avoir un niveau A2 à l'oral, mais A1 à l'écrit. Nous constituerons alors des groupes en fonction des compétences orales et écrites et mettrons en place des activités de regroupement par centres d'intérêt.

Contenus grammaticaux pour le niveau A1 d'après le référentiel de l'Alliance française :
– l'alphabet
– quelques verbes usuels comme *être, avoir, faire, s'appeler...*
– quelques verbes en « -er » comme *habiter, travailler, parler...*
– le présent de l'indicatif
– l'impératif positif pour quelques verbes en « -er » et des verbes comme *venir, aller*
– les pronoms personnels sujets
– les pronoms toniques
– les pronoms interrogatifs simples *(où, quand, combien, quel...)*
– les adjectifs interrogatifs
– la négation : *ne pas...*
– les présentateurs : *voilà, c'est...*
– les articles définis
– les articles indéfinis
– l'article zéro : *être* + profession
– l'accord en genre
– l'accord en nombre
– les adjectifs possessifs
– les adjectifs démonstratifs
– les articles partitifs (*du, de la...*)
– l'expression de la quantité
– les nombres cardinaux
– quelques articulateurs comme *et, ou, alors...*
– la phrase interrogative simple
– l'accord des adjectifs de nationalité
– le complément du nom et l'appartenance avec *de*
– quelques adverbes de temps comme *maintenant, ce matin...*
– la localisation spatiale : *venir de, habiter à, au, en* + pays ou ville

▶ Nous opterons pour une approche communicative où l'apprenant est plongé d'emblée dans une situation d'échange. La prise de conscience progressive des facteurs de l'échange associés aux formes de la langue utilisées va constituer le moteur de l'apprentissage. Par la déduction et l'emploi de moyens mnémotechniques et ludiques, nous amènerons à une réflexion sur la structure de la langue. Avec des débutants, il s'agira de repérer des éléments isolés et de systématiser leur emploi pour les situations récurrentes du quotidien.

▶ Pour les usages, les formes, le vocabulaire, nous nous appuierons sur les descripteurs par niveau du CECR (Collection Didier) très complets.

▶ Pour les supports pédagogiques, nous avons proposé en partie IV et en partie V de nombreux exemples. Nous nous efforcerons toujours de lier les contenus de la séance de formation aux situations du quotidien en utilisant notamment des documents authentiques ou en créant des situations de communication en contexte : chaque thématique sera traitée dans l'ensemble des compétences et sera évaluée en contexte lors d'une sortie ou d'une activité pratique.

▶ Pour fixer la langue, il faut pratiquer. Vivant dans le pays des locuteurs natifs, les apprenants sont immergés dans la langue. Tous les contenus peuvent donc être mis en application immédiatement. On peut procéder par essai/erreur, l'erreur est décryptée par le groupe et par le formateur et on essaie de comprendre le fonctionnement de la langue. Par des exercices de systématisation, on fixe ensuite la notion. Tous les items relatifs à l'identité (éléments d'un formulaire) ou à la direction, par exemple, peuvent être reconnus facilement car ils se présentent de façon récurrente et sont parfois doublés d'un pictogramme. En revanche, dès qu'il faudra entrer en communication, poser des questions, etc., la systématisation par la mise en place d'exercices est fortement demandée par le public.

▶ Le vocabulaire a une place très importante, la plupart des apprenants en sont très friands. Certains apprenants débutants connaissent tous les noms des fruits et légumes et se contentent de prononcer le nom quand ils vont faire leurs courses. Ici encore, les listes de vocabulaire des niveaux du cadre sont très précieuses et les exercices de vocabulaire en contexte très utiles. Même si les apprenants n'ont pas acquis le genre ni le pluriel des noms, il est important de toujours donner un mot accompagné d'un article pour sensibiliser les apprenants à cette particularité de la langue française difficile à parfaitement maîtriser pour un non-natif. Le vocabulaire est traité de manière transversale, un mot n'est pas donné de façon isolée mais en contexte en essayant d'y associer des éléments syntaxiques.

▶ Pour chaque notion, après avoir déterminé les objectifs à atteindre, il est important de préparer des fiches de séance répondant aux phases suivantes :

1. phase de sensibilisation en collectif : présentation du sujet, brainstorming, exemples donnés au tableau ou dans un document authentique ;
2. phase d'exploration en petits groupes (recherche par déduction d'une notion ou d'une règle de fonctionnement de la langue) ;
3. phase d'exploitation (un rapporteur de chaque groupe fait des propositions au collectif, réflexion commune avec l'aide du formateur) ;
4. phase de structuration (le formateur donne des clés pour comprendre la notion et structure la réflexion menée) ;
5. phase de systématisation (par des exercices, les apprenants s'entraînent à utiliser la notion de façon individuelle ou collective, application écrite, simulations à l'oral...) ;
6. phase d'évaluation individuelle (par l'auto-évaluation, en contexte ou avec le formateur, l'apprenant évalue ses acquis) ;
7. phase de suivi (à la fin de la séance, l'apprenant note ce qu'il a fait dans son cahier de bord, les ressources utilisées et s'il pense avoir compris ou non, le formateur peut lui aussi ajouter un commentaire).

▶ Un calendrier thématique est établi par l'équipe pédagogique précisant le thème choisi chaque semaine (une thématique peut être déclinée sur plusieurs semaines) en fonction de l'actualité (rentrée scolaire, semaine du goût, journée de la femme...)

Thématiques :

- **la formation**
  – la structure – l'équipe
  – l'action de formation
  – le positionnement et le règlement

- **le temps**
  – la durée et le rythme de la formation
  – le calendrier et les dates particulières
  – les saisons et l'heure

- **l'école**
  – le fonctionnement
  – le calendrier scolaire
  – la cantine – les enseignants
  – les devoirs – l'assurance scolaire

- **la famille**
  – l'arbre généalogique
  – le décès – la naissance
  – les périodes de la vie
  – le couple – le caractère
  – les émotions et les sentiments

- **la santé**
  – le corps humain
  – les lieux de soin
  – les médecins – les maladies
  – la sécurité sociale

- le physique
  - la description physique
  - les mouvements
  - les types de vêtements
  - les accessoires – la mode

- la ville
  - le plan – les directions
  - ville/campagne – espaces verts
  - le patrimoine – les bâtiments

- les commerces
  - les magasins
  - les produits de consommation
  - les prix – les soldes

- l'argent
  - les moyens de paiement
  - les banques
  - les bureaux de poste

- le logement
  - les pièces de la maison
  - la location et la propriété
  - les règles de vie en commun

- l'alimentation et le ménage
  - les repas
  - les ustensiles et appareils ménagers
  - les catégories alimentaires
  - les tâches ménagères

- les activités du quotidien
  - le matin – le soir
  - dans la journée
  - les objets du quotidien et les objets de la maison

- les transports
  - les moyens de transport
  - les lieux et personnels
  - la sécurité routière
  - le guichet d'information

- l'emploi
  - métiers et formations
  - ASSEDIC et ANPE
  - le contrat de travail
  - le code du travail et les droits

- la mairie
  - la caisse des écoles – l'état civil
  - le CCAS – les permanences
  - l'organigramme

- les sciences et les technologies
  - l'informatique – le téléphone
  - la TV et la radio

- les activités culturelles
  - le théâtre – le cinéma
  - la bibliothèque
  - les arts plastiques
  - les traditions et les jours fériés

- les sports et les loisirs
  - le temps libre – les sorties
  - les sports – les jeux
  - la musique

- la nature et l'environnement
  - les animaux
  - les arbres – les fleurs
  - le recyclage – le tri sélectif
  - la collecte des ordures

- la France et sa géographie
  - le climat – les montagnes
  - les fleuves

- la démocratie
  - le système électoral
  - l'organisation des pouvoirs
  - liberté, égalité et fraternité
  - les régions et les départements

etc.

Tous les ateliers de la semaine tourneront autour de cette thématique. Si on choisit « les commerces », on étudiera :
– le vocabulaire des magasins à des niveaux différents en fonction des apprenants ;
– les contenus grammaticaux : « l'expression de la quantité » par exemple pour le A1 et le « comparatif » pour le B1 ;
– les actes de parole : « demander quelque chose à quelqu'un » pour le A1 et « caractériser un objet » pour le B1 ;
– des documents authentiques : un prospectus de supermarché, un ticket de caisse, une liste de courses...
– la mise en pratique : constituer des équipes et aller au marché avec des missions à remplir en fonction du niveau des apprenants par exemple (repérer des produits ayant tel ou tel son ; poser des questions aux commerçants sur les produits et comparer la forme et la quantité ; noter les noms des différentes professions présentes sur le marché ; à partir d'un budget imaginaire, proposer un menu pour 4 personnes en précisant les prix et les quantités ; trouver 5 produits de couleur jaune, 5 produits piquants, 5 produits sucrés...).

S'il existe une réelle prise de conscience de l'importance de la qualité des formations pour les migrants, le chemin à parcourir en termes de contenus et de méthodes reste encore long à parcourir. Le plus simple lorsqu'on doit travailler avec des publics hétérogènes est de construire une séquence en partant d'une thématique commune, voire d'un seul document et de décliner les objectifs et les activités en fonction de chaque apprenant ou de groupes d'apprenants. Cela permet d'individualiser les apprentissages tout en conservant une dynamique de groupe avec des temps de mise en route communs par exemple. Il faut donc considérer avec le plus grand soin l'expérience et la formation des formateurs au moment de la constitution de l'équipe pédagogique et miser sur les compétences des ingénieurs linguistes pour adapter les dispositifs aux moyens disponibles et aux objectifs à atteindre.

Conclusion

De manière générale, les dispositifs de formation à destination des migrants se composent de formations visant à présenter et décoder la société d'accueil à travers l'apprentissage de ses valeurs, de ses institutions et de sa langue. Le suivi social et le caractère pragmatique de certaines formations viennent appuyer ces connaissances utiles au quotidien pour devenir autonome rapidement. Mais la recherche autour de ces nouveaux dispositifs n'en est qu'à ses balbutiements, davantage de temps sera nécessaire pour mesurer leur impact sur les populations migrantes. Beaucoup de propositions intéressantes sont faites mais les lenteurs administratives et les contraintes budgétaires pèsent souvent plus lourd dans la balance. N'oublions pas non plus que la formation des migrants renvoie à une volonté politique émanant de gouvernements en place actuellement et que son avenir est par la même conditionné par les choix politiques. À l'heure actuelle, le volet formation linguistique des contrats est un outil sur le parcours vers l'intégration : un passeport qui porte le tampon du pays d'accueil, ouvre la porte sur une nouvelle société mais qui ne garantit pas la qualité du séjour.

Créer chez les migrants l'envie d'apprendre la langue du pays d'accueil, donner à chacun les moyens de se situer, puis de progresser dans un parcours qui vise à la fois l'insertion professionnelle et l'intégration sociale, rendre accessible une formation que les contraintes de la vie sociale et économique ne favorisent pas toujours, tels sont les défis que doivent relever tous ceux qui sont engagés dans de tels projets, apprenants comme formateurs.

L'ouvrage a voulu passer en revue tout à la fois les contextes d'intervention et les choix méthodologiques, pédagogiques qui peuvent convenir. S'il n'existe pas de solutions « clés en main », en revanche il est désormais possible, l'expérience aidant, grâce à la variété des outils disponibles, d'élaborer les solutions adaptées au cas de chacun, sans pour autant verser dans l'improvisation de solutions ponctuelles. De telles formations ne peuvent être raisonnablement mises en œuvre que par des personnels convenablement formés et informés. L'objectif de cet ouvrage était d'apporter sa contribution, même modeste, dans ce domaine. Mais, au-delà, on ne peut que souhaiter de voir se constituer des groupes de travail élargis, chargés non d'établir un état des pratiques en cours, mais de mettre au point des plateformes collaboratives de façon à ce que l'enseignement des langues réponde pleinement aux attentes des travailleurs migrants et de leur famille.

Lexique

- **ACSE** : Agence Nationale pour la Cohésion Sociale et l'Égalité des chances (Établissement public national à caractère administratif)
- **ANAEM** : Agence Nationale pour l'Accueil des Étrangers et des Migrations
- **ANPE** : Agence Nationale Pour l'Emploi
- **AMCL** : Attestation Ministérielle de Compétences Linguistiques
- **BPEL** : Bilan de Prescription et d'Évaluation Linguistique
- **BOPP** : Bilan d'Orientation Pré-Professionnel
- **CAI** : Contrat d'Accueil et d'Intégration
- **CAP** : Certificat d'Aptitudes Professionnelles
- **CNASEA** : Centre National pour l'Aménagement des Structures et des Exploitations Agricoles (financement)
- **CASNAV** : Centre Académique pour la Scolarisation des Nouveaux Arrivants et des enfants du Voyage
- **CESEDA** : Code d'Entrée et de Séjour des Étrangers et du Droit d'Asile
- **CCIP** : Chambre de Commerce et d'Industrie de Paris

- **CECR** : Cadre Européen Commun de Référence pour les langues
- **CLIN** : CLasse d'INitiation
- **CLA** : CLasse d'Accueil
- **CIPPA** : Cycle d'Insertion Professionnelle Par Alternance
- **CIEP** : Centre International d'Études Pédagogiques de Sèvres (Établissement public du ministère de l'Éducation nationale dont les activités d'expertise et de formation s'articulent autour d'un pôle « éducation » et d'un pôle « langues »)
- **CIO** : Centre d'Information et d'Orientation
- **CRFP** : Centre Régional de Formation Pédagogique (association prestataire de formations linguistiques et qualifiantes à destination d'un public en insertion)
- **DAI** : Dispositif d'Accueil et d'Intégration
- **DDASS** : Direction Des Affaires Sanitaires et Sociales
- **DILF** : Diplôme Initial de Langue Française
- **DELF** : Diplôme Élémentaire de Langue Française
- **DALF** : Diplôme Approfondi de Langue Française
- **DGLFLF** : Délégation Générale à la Langue Française et aux Langues de France
- **DPM** : Direction des Populations et des Migrations
- **Étranger** : « qui est d'une autre nation que celle dont on est ressortissant »[1]
- **EPS** : Éducation Physique et sportive
- **Exilé** : « personne expulsée hors de son pays avec interdiction d'y revenir, condamnée à vivre ailleurs que là où elle aime habituellement vivre »
- **FASILD** : Fonds d'Action et de Soutien pour l'Intégration et la Lutte contre les Discriminations (établissement public administratif national)
- **FLE** : Français Langue Étrangère
- **FLS** : Français Langue Seconde
- **FOS** : Français sur Objectifs Spécifiques
- **FSE** : Fonds Social Européen

---

1. Les définitions sont extraites du *Petit Larousse Illustré*, 1990.

- **GELD** : Groupe d'Étude et de Lutte contre les Discriminations
- **HCI** : Haut Conseil à l'Intégration
- **Immigré** : « personne qui vient se fixer dans un pays étranger au sien »
- **Intégration** : « action d'entrer dans un groupe plus vaste »
- **MIEN** : Mission d'Insertion de l'Éducation Nationale
- **Migrant :** « se dit de quelqu'un qui se déplace d'un pays dans un autre pour s'y établir sous l'influence de facteurs économiques ou politiques »
- **OIM** : Organisation Internationale pour les Migrants
- **OMI** : Office des Migrations Internationales
- **ONI** : Office National de l'Immigration
- **Primo-arrivant** : migrant sur le sol français depuis moins de 2 ans
- **PVA** : Procès Verbal d'Assimilation
- **RASED** : Réseau d'Aides Spécifiques aux Enfants en Difficulté
- **Réfugié** : « se dit d'une personne qui a quitté son pays ou a fui son pays pour des raisons politiques, religieuses, raciales ou pour échapper à une catastrophe. »
- **Résistance** : « action de s'opposer à quelqu'un, à une autorité... »
- **RFI** : Radio France Internationale
- **RI** : Rencontre Internationale (École de Français Langue Étrangère sur Nîmes et centre d'examen DILF et TCF)
- **SSAE** : Service Social d'Aide aux Émigrants
- **SPE** : Service Public de l'Emploi
- **Surmoi** : « l'une des trois instances de l'appareil psychique décrites par Freud, formation inconsciente qui se constitue à partir du moi par identification de l'enfant au parent représentant de l'autorité »
- **TCF :** Test de Connaissances du Français
- **TEF** : Test d'Évaluation du Français
- **TICE** : Technologies de l'Information et de la Communication pour l'Enseignement
- **ZEP** : Zone d'Éducation Prioritaire

BIBLIOGRAPHIE

• Agence pour le développement des relations interculturelles (ADRI), *Guide pratique de l'intégration. Les acteurs. Les politiques et dispositifs publics. Les sources d'information*, Paris, La Documentation française, 2002, 292 p.
• ARDOUIN T., *Ingénierie de formation pour l'entreprise*, Paris, Dunod, 2003, 274 p.
• AUGER N., GARDIES P., ALEN GARABATO M.-C., KOTUL E., *Les représentations interculturelles en didactique des langues-cultures*, Paris, L'Harmattan, 2003, 141 p.
• BEACCO, FERRARI, LHOTE, TAGLIANTE, *Niveau A1.1 pour le français (publics adultes peu francophones, scolarisés, peu ou non scolarisés)*, Paris, Didier, 2006, 235 p.
• BEACCO, CHISS, CICUREL, VERONIQUE, *Les cultures éducatives et linguistiques dans l'enseignement des langues*, Paris, PUF, 2005, 276 p.
• BARBOT M.-J., *Les auto-apprentissages*, Paris, CLÉ International, 2000, 125 p.
• BLANC-CHALEARD M.-C., *Histoire de l'immigration*, Paris, La Découverte & Syros, Coll. « Repères », 2001, 128 p.
• BILLIEZ J., « Langues de soi, langues voisines : représentations entre-croisées », in *Études de Linguistique Appliquée*, n° 104, Didier Érudition, 1997.
• BRENU A., « Les résistances à l'acquisition d'une langue étrangère », thèse de doctorat, Paris VIII, 1999.
• CERVONI B., CHNANE-DAVIN F., FERREIRA-PINTO M., *Entrée en matière : la méthode de français pour adolescents nouvellement arrivés*, Paris, Hachette, 2005, 224 p.

- CNDP de Basse-Normandie, *Portfolio européen des langues pour jeunes et adultes*, Conseil de l'Europe, Paris, Didier, 2001.
- CUEEP-DAFCO (collectif de Lille), Référentiel de formation linguistique de base, 1996.
- CUNHA M. C, « Les parents et l'accompagnement scolaire : une si grande attente... », Ville-école-intégration Diversité, n° 114, septembre 1998, pp. 180-200.
- FREUD, *Inhibition, symptôme et angoisse*, Paris, PUF, 1986, p. 88 et suivantes.
- GRINBERG L. et R., *Psychanalyse du migrant et de l'exilé*, Lyon, Cérusa Luon Éditions, 1986, 289 p.
- GRIMALDI C. (coord.), *Accueillir les élèves étrangers*, Paris, L'Harmattan, Coll. « Villes plurielles », 1998, 160 p.
- HAMERS J. et BLANC M., *Bilingualité et bilinguisme*, Éd. Mardaga, 1984, 498 p.
- JOSSET S., « *Le FASILD : 1958-1998 : 40 ans d'histoire au service de l'intégration* », Mémoire de DEA, 1998.
- KLEIN W., *L'acquisition de langue étrangère*, Paris, Armand Colin, 1989.
- LE MOIGNE G. et LEBON A., *L'immigration en France*, Paris, PUF, Coll. « Que sais-je ? », 2002, 126 p.
- LUSSIER D., *Évaluer les apprentissages dans une approche communicative* », Hachette, Coll. « F », 1992, 126 p.
- MERIEU P., *Enseigner, scénario pour un métier nouveau*, ESF éditeur, 1992, 158 p.
- PERETTI A., *Encyclopédie de l'évaluation en formation et en éducation : guide pratique*, ESF éditeur, coll. « Pédagogie/Outils », 1998, 556 p.
- POTHIER M., *Multimédias, dispositifs d'apprentissage et acquisition des langues*, Paris, Ophrys, 2003, 141 p.
- REA A. et TRIPIER M., *Sociologie de l'immigration*, Paris, La Découverte, Coll. « Repères », 2003, 122 p.
- ROCHEX J.-Y., *Le sens de l'expérience scolaire : entre activité et subjectivité*, Paris, PUF, Coll. « L'Éducateur », 1998, 304 p.
- SAYAD A., *Qu'est-ce que l'intégration ?*, Paris, Adri, 1994.
- VERBUNT.G, *Les obstacles culturels aux apprentissages*, Paris, CNDP, 1994.

Études et recherches (non publiées)

- ORGANISME ARP, *Compte rendu des entretiens avec des signataires CAI*, 2003.
- « *Illettrisme : représentations et formation dans la fonction publique territoriale à travers le discours des formateurs et des apprenants* », ministère de l'Emploi et de la Solidarité, 1996.

V

CONSTRUIRE UNE FORMATION À DESTINATION DU PUBLIC MIGRANT

> « L'élaboration d'un projet de formation ne se réduit pas à la définition d'un contenu de stage et d'une pédagogie adaptées, mais nécessite de prendre en compte à la fois la demande de l'organisation et son environnement. Il s'agit de mettre en œuvre une démarche effective qui tienne compte des différentes dimensions d'une situation. »
>
> Thierry Ardouin[1]

À partir de toutes les informations traitées dans les parties précédentes, il s'agit ici de proposer des pistes de réflexion aux responsables de formation et aux formateurs pour mettre en place des parcours de formation en langue pour les migrants.

Avant d'entrer dans des considérations plus pratiques, il nous paraît indispensable que dans cette partie soit fait un rappel de ce que peut être une didactique (ou une méthodologie) du français en direction de ce type de public. Sinon, cela voudrait dire qu'il existe une sorte de supermarché des méthodologies dans lequel chacun peut puiser au gré

---

1. ARDOUIN Thierry, « Ingénierie de formation pour l'entreprise », DUNOD, Paris, 2003.